中村天風
快楽に生きる

合田周平

GENTOSHA

はじめに

中村天風（一八七六年〜一九六八年）という人物を、若い読者の方々はご存じないかもしれません。

昭和期の思想家で、京セラ創業者の稲盛和夫氏など多くの財界人が座右の書として天風の本を挙げるほか、米大リーグで活躍する大谷翔平選手も渡米前に著書を読んでいたとされるなど、世代を超えてその哲学は受け継がれています。

先生・中村天風に私（筆者）が初めてお会いしたのは、一九五〇年代の中頃で、理科系の学生だった私にも、やがて激しい学生運動の波が押し寄せるという予感に満ちていた時期でした。当時、先生は東京・音羽の護国寺「月光殿」で毎月のように講習会を開いておられました。

ある時、私は月光殿の控えの間にて、わずかな時間でしたが先生との初対面の場を頂き、やがてご自宅に伺うなど、親しく教えを乞うようになりました。

本書は、先生と私との語らいを軸に、感銘を受けたものの中から幾つかを「箴言《しんげん》」として紹介し、読者の皆さんの「心の潜在力」を覚ますきっかけになることを願うものです。

少し遠回りのようですが、皆さんに中村天風の哲学を理解していただくために、私と先生の出会いの場、護国寺の月光殿から話を始めたいと思います。

先生は護国寺のご住職のお考えに大変な共感を抱かれていました。といいますのも、護国寺は弘法大師空海を宗祖とあおぐ真言密教、真言宗豊山派のお寺。真言密教はその経典『理趣経《りしゅきょう》』で「性的な快楽をも自然界の清らかな境地として認めている」（二〇一九年、正木晃『現代語訳　理趣経』角川ソフィア文庫）宗教です。理趣経では、禁欲を一般的とする宗教全般とは異なり、快楽を求める強い心をうまく活用し、悟りの道への情熱を駆り立てるべし、と説きます。

これは「人物をつくる」ことに重きを置く「天風哲学」にも通じることです。

先生の教えも一切の禁欲的な修行を課すものではありません。理趣経に示されているような「正しく自己を制する資質に恵まれたもの」を、一人でも多く育成することを目的とした、極めて人間味ある哲学なのです。

人生の日々は楽しく愉快に闊達に活きるためにある

先生は常々、このような信念をお持ちでした。私は最近になり、先生の哲学を「快楽に生きる」というテーマで解釈しようと考えるようになりました。

ありとあらゆる欲望は、自然界における清浄な領域を根源とするものです。すべての欲望自体は清らかなものなのです。しかし、だからこそ、それに我々がどのように対処するのかが重要になってきます。
本書ではこれを実現するため、四つの切り口から先生の箴言をまとめました。

①欲望を楽しむ

これが本書の核心です。誤解を恐れずにいえば、真理を極めた、偉大なる師としてあがめられている人物の多くは、決して禁欲的な生活を営んできた人たちではないように思います。

人間には日常生活の中での自然な欲望とのジレンマに悩みつつ、何とか真理を把握しようと苦戦するプロセスが重要なのだと思います。先生が確立した極めて「人間味ある哲学」による箴言の数々。私はそこに「快楽に生きる」、という人生の心地よさを見出すのです。

②知る、考える、行動する

「天風哲学」を理解するために、先生は理論と実践の道筋として「理入」と「行入」という概念を示されていました。その哲学的な論理の神髄を言葉として表現することで、その内容の伝達と理解を促進することが「理入」。対して、具体的なふるまいや仕草から「天風哲学」の習得にアプローチするのが「行入」です。

この二つを一体として学ぶことが本来のあるべき姿なのです。また本書では「行入」から「理入」への第一歩を示すため、番外編として「クンバハカの実践」という章を設けました。クンバハカとはインド哲学の流れを汲む「カルマヨガ」の極意のひとつで「心身の最も神聖な態勢」という意味があります。先生は、インド山中でのヨガ行者との修行を経て、ヒマラヤ山麓でこの「クンバハカ態勢」を獲得されたそうです。

③幸せを導く人間関係

人間社会は相互依存によって成り立っています。先生は、その関係をスムーズに成り立たせるためにはそれぞれが自己を磨き「一身独立」の精神をもつべきだと説いておられました。我々人間は、心と身体が「輪」となっている活き方を理想としています。それがつながり、安定することが社会での営みを楽しくするのです。

社会のシステムにおいては、自然界における「真理の実践」としての「輪＝和」の精神が組み込まれているのです。したがって、「幸せを導く人間関係」を確立するためには、我々一人ひとりが日常生活の事柄のすべてに責任をもつという態度が不可欠だ、ということを深掘りしていきます。

④強い心とは何か

人間の「心と言行」の関係性を正しく把握することで、我々が積極的な心＝「積極心」を如何《いか》に宿すかを読み解きます。

積極心とは他人の意見や存在を無視してやたらと自己主張するような、最近のいわゆる「あおり運転」などに見られるようなものではなく、事ある時も、事なき時も常に自分の心を泰然とした穏やかな心境に置くことをいいます。さらに、先生は意識レベルでのプロセスについても「実在意識」と〈潜在意識〉という二つの領域を提示し、それらの相関関係を説明されていました。

講習会後、ご自宅に招かれての食事の場での語り合いなど、先生との貴重な経験が、いまの私の哲学となっていることを、しみじみと実感する昨今です。到底果たし得ませんが、約四年間の留学を経て私が帰国の挨拶に先生を訪れた際に頂いた言葉を、何時《いつ》も気にかけ噛み締めています。「君の『システム思考』で天風哲学を『人生科学』としてまとめられないか」

「天風哲学」は我々人間の活きる指針となるものだと思っております。過ぎし日に、私が先生との対話を通して学んだように、多くの次世代の人たちに、この哲学が届くことを願ってやみません。

中村天風　快楽に生きる　目次

欲望を楽しむ

「積極心」による行為はよほど注意と慎重さがないと制約のない「快楽主義」となる

「積極精神」という言葉に対する解釈を、しばしば誤る人たちが多いことを戒めています。人間の本能を、満足させるためにのみ、人生があるのではありません。そんな誤った前提で「積極」を考えると、我儘《わがまま》で奔放な享楽本位の快楽的なものとなるのです。

「天風哲学」における「積極精神」とは、第一義的には、何事があろうが、例えば、病魔に襲われようと、時には運命難に陥ろうとも、これらを相手にしない、心の状態をいうのです。

言い換えると、それに克《か》とうともせず、また負けるとも思わず、超然とした悠然たる心の状態が、天風哲学にいう「積極心」なのです。この境地が、我々を「快楽に生きる」人生に誘うのです。

旧来の「道徳観」や「倫理観」から離れ理想とする快楽に生きよう

我々は、もっともらしい「道徳観」や「倫理観」から離れなければ、活きがいのある、楽しく、のどかで理想的な人間生活を営むことが難しい時代に在るようです。人間の本能による快楽を、自己の「快楽主義」と読み替えるには、他人の幸福を妨げない範囲を見出し、喜び、楽しめるように心がけることです。そこに期せずして、人々の活きがいある生活が訪れると確信しています。

「真・善・美」を考えると「真と美」とは〈本心〉に固有するもの「善」とは〈良心〉が感動するダイナミズムだ

「真・善・美」という言葉は、洋の東西を問わず、「神」の御心といわれています。この神という言葉は、言い換えれば、宇宙創造に関わった「根本主体」を指すのです。この「根本主体」による自然物には、優秀にして完全なるシステムが多く存在します。我々人間もまた、神につくられた、自然物の一つであることを考えると、人間の心や意識の中にも、当然、神による「真・善・美」が賦与されていると考えられます。

先生は、真とは「まこと」、善とは「愛」、美とは「調和」をベースとする思考だと言い、日々の自分の行いとして表現する努力が必要だと説きました。

この「真・善・美」が、人間の心のいずれの領域に該当するかを考えると、「真と美」はその人の本心に固有なものであり、「善」は、良心の動きに相応して発動されるダイナミックな心情のことです。これらは、性別や年齢に関係なく賦与されていると考えています。

天風哲学に関心を示され、私も時折お会いした、セゾングループ代表などを務め、作家としても活躍した堤清二氏（その父の堤康次郎氏は、先生と親交があった）が、日本人の美意識について語った言葉を紹介します。

風とは自由であり　水と共に我が国の美意識の源なのだ　辻井喬（堤清二）

自分は　替わるものがない存在だ
しかも　一度きりの人生なのだ
いまの時代は　全て我らのものだ

二十一世紀のこの時代は、老若男女の区別なく、自分たちで、楽しく愉快に切り拓くしかないのです。最近の若者は頼りない、とよくいわれます。しかし、次の時代に繁栄あるいは衰退をもたらすのは、その時代に生きる人たちしかいないのです。若者が、次世代を担うのは当然の成りゆきなのです。

年配諸氏がどんなに願おうが、次世代まで生き延びて、彼らを指揮監督することなど出来ない相談なのです。

大らかなる愛の精神をもって、若い彼らが未来社会を切り拓く環境と、知識や思想や考えを残す以外に道はないのです。老若男女とも、それぞれの人生という限られた時間の中で充実して、精一杯生きることが大事なのです。

人の心の思いは何ものにも比べ得ないほど広く深いこの事実を利用し　人生に活かそう

広大なる大宇宙は、我々人間が物理空間として接する最大のものと誰もが認識していますが、その大宇宙よりも、人間の心による意識の方が、長さ・広さ・深さ・強さなどにおいて、遥《はる》かに大きい領域を想像することが出来ます。心に描く思いは、まさに無限の広がりをもち、際限がありません。

ただ、如何に壮大なる思考が可能でも、行動のベースとなる「心と身体」の連係があってこそ実践することができ、その経験が思想になり哲学となるのです。人間の心にのみ、優れた芸術や哲学を生む偉大な〈潜在力〉が与えられているのです。

この心をさらに磨き、無限の力を宿すためには、しがらみや枠にはまった世界から出ることが大切です。こうすることで、何事をも実践する力を獲得することが出来るのです。

人の心には　檻に入れられた猛獣がいる
その猛獣とも　心を通じ合い
檻の中でも　共に楽しむことを考えよう

この言葉は、人間の本能には自らを苦しめる欲望が存在しているから、それがみだりに発動しないよう、意志の力によって常に注意深く監督し、制御すべきということを説いたものです。

ここでの猛獣とは、人間の本能的な欲望を指しています。しかし、猛獣を閉じ込めるという禁欲的な生活の勧めではありません。

自然界の肉体的な欲望、言い換えると真理に即した正しい欲望は、檻の手入れを慎重にして、猛獣と心を通じ合い、飼いならし、共に楽しむ環境にすべきです。

「天風哲学」は、快楽を拒むような哲学ではないのです。

天風哲学では「欲を禁じる」とは言わない
如何なる時にも「積極心」を発揮して
「欲」という「心の猛獣」とも
心を通わすことだ

欲心の炎を燃やすといっても、何でもかまわず欲を燃やせ、と説いているのではありません。欲望には、燃やせば燃やすほど苦しくなる欲望と、燃やすほどに楽しくなる道理をわきまえた欲望の、二種類があります。この事実を充分に把握することです。

悩んだり苦しんだりする欲望は、自然界の真理から見れば、真の欲望ではないからです。欲望の格好をしているが、猛獣のような魔欲なのです。本当の欲望とは、欲しがれば欲しがるほどに愛を誘発して人生を楽しくし、豊かにするのです。

人の欲望は多ければ多いほどいい叶わぬ欲望を心に抱くから苦しむのだ「真理」にかなう欲望は燃やせば燃やすほど楽しいものだ

繰り返しのようになりますが、「天風哲学」では、悩んだり苦しんだりする欲望は、本当の欲望ではありません。本当の欲望とは、楽しくなる欲望のことをいうのです。「欲しがりゃ、欲しがるほど楽しくなる」のが本当の欲望なのです。したがって、積極的な人生を活きるために、楽しめる欲望を燃やすことです。

それを実践できた時、人生が長さや広さにおいて、さらに深く強く豊かなものとなります。

人間の欲望は　絶対に捨て切れない　それぞれの快楽に生きることだ

「天風哲学」では「人間の欲望は、絶対に捨て切れるものではない」と断固として説いています。

多くの宗教は、人間に、その欲望を捨てることを求めます。出来もしないことを、教義として説くことで、難行苦行を強いたり、自然との一体感を具現化することの手法を教えたり、いずれも「正義の実行」とはいえないと先生は説いています。

天風哲学は、欲望などを捨てません。自然の「真理」とともに、人生を立派に活きる人々を、一人でも多く育てることを目的としているからです。

人生に快楽を求めることは、歳をとっても如何なる時にも、人間の本能的な欲求の集積であり、恥じるべきことでも、禁止することでもありません。それは、人間の精神的な創造力を鼓舞する意欲ともなるのです。

ここで「快楽主義」についての著作を紹介します。素人の私は、理解しやすい本として、この道の第一人者である、澁澤龍彥『快楽主義の哲学』(一九九六年、文春文庫)を挙げます。

この本では「まず、個人の生存のぎりぎりの立場、死の恐怖の克服から始めたいと思う。そうして順々に、一歩一歩、高級な精神的快楽や物質的快楽の頂上まで、のぼりつめたいと思う」と記されています。

人間生命の実在とは魂を中核に「心と身体」が精神の働きで「不離一如」の状態にある

心と身体を「打って一丸とする場」が、精神作用の真の姿なのです。

現代人の多くが心と身体、いずれか一方のみに重きを置いて日々の生活を送っているように思います。どんなに楽器を吟味しても、弾き手の技能を無視しては、完全な音楽が演奏されないのと同様に、弾き手だけを吟味して、楽器を軽視したのでは優雅な音楽を奏でることは出来ません。

要するに、弾き手と楽器が一体にならねばならないのです。我々自身に置き換えると、人間の精神を正しく活用することで「心と身体」の統一が具現化されるのです。人生における、「精神作用」の重要性がここにあるのです。

我々は日々の「生活」に追われて何よりも大切な「生存」の確保を忘れ人生を過ごしている傾向がある

命があるからこそ、自然界に活力ある生命が「存在」し、我々の「生活」が存続しているのです。

人間の幸とか、不幸とかいうものは、結果からいえば、「生活の情味」を味わって活きるか否かに尽きるのです。貴賤《きせん》貧富などというのは、重要な課題ではありません。

実際、唸《うな》るほど金があっても、社会的に高い地位や名誉があっても、「生活の情味」を味わおうとしない人は、本当の幸福に出会うことがないのです。

人生は「万華鏡」を覗《のぞ》くが如し

我々の生活における負担や犠牲とかいうことのみを考えると、およそ人間の生活くらい苦しく、つらく、悩ましいものはないかもしれません。こうした感覚から、もっと立体的に人生を観察すべきだと考えます。

百芸に興味をもつと、期せずして生活の範囲が広くなると同時に、人生の内容があたかも精巧な織物のようになります。極めて複雑な色模様でちりばめられている「万華鏡」を覗くようなワクワクした気分になるのです。

時には　気が散らぬよう瞑想《めいそう》し　心が喜ぶイメージを　想い浮かべ　こうして「精神を活性化する」ことだ

瞑想を通して、人は何事もない平安な心を手に入れられます。病を患っていようとも、悪い運命にあろうとも、心が、それらを気に掛けない時間をもつことです。

身体に栄養物を取り入れる時、これは食べていいものか、悪いものか、栄養になるかならないか、身体のためになるかならないか、ということなどをよく吟味して食します。ところが、心や精神に、外界からのあらゆる刺激を情報として受け入れる時には、この半分も注意しないで受け入れています。それらをチェックするために我々は感覚を鋭くして、心と身体を統一する「精神の場づくり」に励むことです。

我々は　生まれた刹那から今日まで依然として同じ人間として独立した存在だ

人間の独立は、第一に神からの独立であり、霊魂からの独立です。人間は、自己の精神によって一人立つ存在でなければなりません。

神に媚《こ》び、お供物をあげて機嫌をとり、「幸せが来るように、禍《わざわい》がこないように」と何百回願ったとしても、独立した人間にはなれません。独立者たることに、人間の意味があり、神々の奴隷という位置づけから、解放されることが肝要なのです。

「忙しくてやり切れない」と愚痴《ぐち》る人は心に余裕もなく　また心に余裕がないのはその仕事に「氣」が込められていないからだ

自己の好きな仕事や、遊びに熱中している人などが、どうも忙しくてやり切れない、などと愚痴ることはないでしょう。

感覚的に抱いた不満でも、自ずと〈潜在意識〉にまで浸透し、想像のイメージが描かれ、ネガティブな「観念的な要素」として、〈潜在意識〉にピン留めされ蓄えられてしまいます。それらの要素が、何らかの感覚的な刺激を受けて、思いもよらぬ言行を「実在意識」から発することになった時には、自分にはその責任がないと感じるものです。しかし、実際は無意識の意識がその原因となっているのです。

人間の身の上には、その人の心の中にないことは生じないのです。言い換えると、すべての人生の出来事は、心でそれとなく思ったことが〈潜在意識〉にピン留めされ、それらの要素をもとにしたイメージが形成されて「実在意識」から出現したものなのです。

人間が活きるプロセスには、その人の心の中のイメージどおりに物事を運ぼうとする力が存在するのです。人生における出来事の背後には、必ず人間の思いという「心の実在」があるということです。

「俺は運が悪いなあ」と考えない
天が自分に何かを教示しているのだ

この言葉が意味するのは、何か問題があった時には自分の心構えなり、方法なりに大きな間違いがあったということです。人生のありとあらゆる事物の中で、原因のないものなど絶対にないといえます。「天風哲学」では一切の出来事は、原因と結果というものの集積にほかなりません。

組織をまとめるリーダーには、多様な領域での経験と知識が要求されます。「集中力」「雰囲気づくり」「意思決定」という三要素は、欠くことの出来ない要素であり、人間活動の基本でもあります。

自分の言葉や行動や仕事などの結果で、何か不本意なことがあった時、それを仔細《しさい》に検討すると、必ず「力」か「勇気」か、もしくは「信念」の欠如が原因であることがわかります。どんな人間でも、何かを為す時には、「力と勇気と信念」という三者を一体とする心構えが、成功を導くのに必要な根本要素なのです。

人は誰でも「完全な姿」を喜び尊ぶ物事を完全に創りあげたいという欲求があるからだ

代償のない破壊を好む者はいません。誰に習うこともなく、幼少期からパズルを組み立てたり、積み木をしたりすることを楽しいと感じるのも、人間生命の本来の目的が創造的であるという証拠なのです。

年齢に関係なく、自分の心の内にある、この意欲をピンボケにしてはなりません。人間は本来、老若男女関係なく心の中で「創造」の意欲という、情熱の炎を燃やし続けるようになっているのです。

日常生活において何かの説明に「科学的」という言葉を聞くと絶対真理のように早合点する傾向がある

我々の社会はもとより、広い宇宙の存在を考えると、物質的な目に見える事柄は第二義的なものなのです。人間社会の本質は、心や精神的なものから始まっているのです。したがって、何事もデータを基本に理屈でのみ考えるのではなく、無邪気、無条件に、観念的にそうだと納得することも大切なのです。

ドイツの哲学者ヘーゲルが「自然は精神より劣る」（一九九七年、長谷川宏『新しいヘーゲル』講談社現代新書）と考えたように、ファジーな思い込みも大事なのです。

人生に要するパワーは我々の生命力の全体量からみると僅か何パーセントかに過ぎない

考え方の相違といえばそれまでですが、ソクラテスの言葉に、"Know thyself"（汝自身を知れ）という有名なものがあります。この言葉に対して、古今の学者や識者の中には、これを「己の分を知り、その分を超ゆる勿《なか》れ」という意味として、道義的処世訓のように解釈している人が多い傾向があります。

しかし、哲人たるもの、もっと尊い人生の在りようを喝破したものに相違ない、と先生は説いていました。すなわち「人々よ、人間の本質に目覚めよ！」という、人生を自覚するための一大示唆を含蓄したものなのだと確信します。

この言葉を、玩味すればするほど「人間というものは、多くの人々が思っているよりも遥かに尊いもの、遥かに崇高なものだ」ということが、切々として我々の心に訴えているように感じられるのです。

日常的な　あなた方の思い方や考え方が今日の　あなた方の人生となっている日々の思考が　人生を創るのだ

このことを認識して、節度ある生活を送ることです。

天地自然のものは除いて、この世の中の一切合財は人間の思考によって生み出されたものです。太古から、脈々と人間が「ああなったらいいな。こうなったらいいな」ということが理想化され、理論化されて、それが現実となって、今日の社会がつくりだされてきたのです。

本当に理想的な人生を活きようと思うなら「ああなりたいな」とか「こうなりたいな」との思いを、心の中に情熱の炎として描き続ければ実現することが多いのです。

そうすれば「なりたい」自分になれるのです。

言語は　強烈な「暗示力」をもつ
だから「積極的な人生」を志す者は
消極的な言葉を
冗談でも口にしてはならない

我々が発する言葉には、何気なく出てくるものなどない、という教えです。どんな言葉も、その人の観念（つまり〈潜在意識〉）が基盤となっているのです。つまり観念が、言葉をつくっているのです。

実際に、人間が日々便利に使っている言葉ほど、我々の「実在意識」の態度を決める強い感化力、暗示力をもつものは他にはありません。このことを完全に理解し、日常的に応用して活きる人は、もはや立派に人生哲学の第一原則を会得した人だといえます。

人生というものは、言葉で論理化され、その人の行為として表れるので、日々の言葉が、人生を左右するのです。それくらい言葉は大事なのです。

「消極的な言葉」を十項目挙げる
この何《いず》れかが　心にあるとき
我が心が　消極化の方向にあると考えよ

「怒る・悲しむ・恐れる・憎む・やきもちをやく・妬む・悩む・苦労する・煩悶《はんもん》する・迷う」などです。

「惑」という心の迷いを表す文字がある
この言葉の理解が不充分だと
人生において悩みや苦しみを招く

いたずらに、我が人生の価値を低くすることはないのです。

「惑」なる文字には、「見惑《けんわく》」と「思惑」との二つがあります。見惑とは、俗にいう煩悩であり、思惑とは迷妄を意味しています。この両者は、いずれも「人生苦」の原因となるものです。

「見惑」とは、物事を見分けるのに際して生じる心の迷いであり、心の「もつれ」を指します。したがって、この迷いは物事の分別において誤認したことが明らかになれば、直ちに解消します。

一方で「思惑」は、そう簡単なものではありません。これは、自我そのものの感情であるため「理屈はそうだが、なかなかそうは思えぬ」とか「他人事《ひとごと》ならいざ知らず自分のこととなると、そう簡単には諦めかねる」ということになるのです。何事も、自己の感情により受け付けられない、ということです。

働くことは　人間本来の面目である 生きるために働くのではなく 働くために活きているのだ

働くということは我々現代人にとっての、現実的で永遠の課題です。各人が、深く想いを巡らすことが肝要です。

生きるために働くと考える人は、なんとなく人生の日々を過ごしていることが多く、その働きに対する報酬に満足感をもっていません。働きの結果が、自分の思うように現れないと、直ちに不平や不満を口にし、時には自暴自棄にさえ陥るのです。また、そこまでならないとしても、生きる楽しさを感じない力弱い人生を生きるしかなくなってしまいます。

働くという「価値」と、活きているという「事実」と心意気についての考えを巡らすことが大切なのです。

心に願望を抱くことは　人間の特権だ
こうしたい　こうありたいとの思いを
心に強く念じ続けると　現実のものとなる

思考が人生をつくるのです。一つの願望の実現を強く心がけていると思いは実現する、とインドの山中で先生は考えていました。そうすると人間が人間らしく、病にも運命にも惑うことなく「日々是好日」の人生が訪れるのです。

修行に励む先生は「心は心の道に、肉体は肉体の道に」ということに気づき、それらを深く探究し具現化する道筋を見出したのです。それぞれの道を究めるため、幾つかの手法を開発してはいましたが、これらの手法を統括して「心身一如」の状態を、如何に実現すべきかに心を砕いていました。

我々は　老幼男女の差別なく
自然の「恵みの生命」と共にある
健康も運命も　自由に獲得し得るのだ

人間は、そうやたらと病や不運に悩まされたり、虐げられたりするべきものではなく、その一生を通じて、健康は勿論《もちろん》、運命もまた順調で、天寿を終えるまで幸福に生きられるよう、本来的にデザインされているのです。

しかし、自分を向上させようという意欲が薄くなった人は、どうしても老化を早めるのです。その理由は、宇宙から与えられる、生命を支える活力である「氣」を受け入れる場をわざわざ自分で狭めているからなのです。

我が人生は　ただ一回限りのものだ生まれがいのある活きがいのある人生を築こう

人間というものは、一度、死んでしまうと二度とこの世に出てこられない。この厳粛な現実を、本当にわかっているか、と問いかけたいと思います。価値ある人生を活きようとするなら、価値ある人生にするために最も必要な事は何かということを、真剣に考えることです。

すなわち、自分の心の在り方を変えなくてはいけません。自分自身を自らが磨かない限り、自分というものは、本当には成長しないのです。

医者にも治せない病は治らない それは人生で一度しか罹《かか》らない

もしそうでないなら、二度も三度も死ななきゃなりません。寿命が尽きるまで死なないから安心なさい。

寿命が尽きる時の病は、どんな名医でも治せはしません。それまでは死にはしないんだから、と安心することです。だから、病になったら医者にかかるもよし。医者にかかった以上は医者に任せなさいと、先生はおっしゃっていました。医者にかかっていながら、病の心配を医者がする以上にしているような人は、金儲《かねもう》けの好きな医者を喜ばせるだけです。

そういう患者は、半年飲めばいい薬を一年も飲んでくれるし、一年で治る病に三年も罹ってしまう。医者としては銀行の預金が増えて結構な患者、ということです。

「死とは自然の道理」などと納得できることではない考えなさんな！

死とは、生まれる前と同じ境遇に入ることかもしれません。

人間というものは、いま生きているということを、意識している間は死んではいないのだから、自分で脈なんか検査するのは断然止めなさい。死を怖《おそ》れ、死を心配するために、一層早く死を招くということになりかねません。

天風哲学には、道元禅師の言葉をもとにした論説があります。次に「生死」について、道元の言葉を、見つけたので引用させて頂きます。

いったい生きるということは、何か一点でも加わるものがあるかどうか。あるいは、死ぬというときには、何か一物でもなくなるのかどうか。この生死、もしくは生死の考え方は、いったいどこに根拠をおけばよいのか。

これまでいろいろと語ってきたことも、すべてはただの心のあの刹那、この刹那のことに過ぎない。あの刹那が山河大地であり、この刹那が山河大地なのである。とするならば、山河大地などというものは、それは無でも有でもない。

一休禅師の辞世の句は、次のものでした。

昨日まで　人のことよと　思いしに
今日は我が身か　こいつ　たまらぬ

人間社会は「苦に満ちた世界」
物質本位の人生観からきた言葉だ

物質本位の生活には、満ち足りるということがありません。もし、あったとしても概して、一時的なものです。そのような生活を、当たり前だと思っている人々の心の中には、いつも五欲、つまり「財・色・食・名・睡」の欲求情念のみが燃えているのです。

したがって、他人から見れば幸福だと思えるような境遇でも、決して、これで充分だという満足感が心の中に生じないのです。その結果、どうしても人生を心の底から、楽しく感じて活きるということが出来ないのです。

子孫には、志が高い理想と、人生を楽しむ秘訣を残すことです。理想とは、心理学的には「仕組まれた思いの継続と連想」ということだと先生はおっしゃっていました。

これを、やさしく嚙み砕いて言うと、「理想」とは確立した考え方がそのまま継続する精神状態を指します。

人生とは「生から死」までの移ろいだ価値高く「理想」に活きよう

価値ある理想的な人生を活きよう。「理想」は自己を正す信仰なのです。

二度と生まれてくることの出来ないこの貴重な人生を、空しく無価値の状態にして、やれ浮世は苦のシャバだとか、人生とは結局、苦患のルツボだなどといって、醜い自己欲望に終始してしまうのはもったいないことです。死するまでの、人生の時間を確立しよう！

「理想」というものは、立派に「自己を活かす宗教」です。確固たる理想とは、その自分の人生を立派にリードして、自分にどんな局面があろうとも、迷わせないものです。強靭に敷かれたレールの上を、快速列車が走るのと同じ状態で、人生を活き抜いていけるのです。理想ほど、人の心を勇気づけ、積極化させるものは他にないのです。

三勿三行《さんこつさんぎょう》

人生は、現在を尊く楽しく活きることを目的としています。そのために、理屈なしに、心がけるべき言葉です。その意味は、「物」にも「人」にも、煩わされないことが肝要ということです。ところで、「三勿」とは「怒らず・怖れず・悲しまず」を意味し、「三行」とは「正直・深切・愉快」を行うべしとの意味なのです。

すべからく「三勿三行」を厳かに実践すべし、ということです。

「ああ　幸せだなあ」と思ったことなどない！という人に出会うことがある

この世は、苦の世界であり、まさに「人生、不可解」なのです。こういう人は、運命的にも、健康的にも、幸せというものを一度も味わったことがないのです。だから、そう簡単には幸せと思えないのです。

そういう人の心の態度は、何時までも消極的なまま変わっていないからで、心の態度を積極的なものに変えない限り、思いたくとも思えないのです。第一、幸せと思おうとする気持ちが出てこないのです。

錆《さ》びついた機械を、動かすには、先《ま》ずは錆を取り除かないといけません。錆びついたままでは、いくら機械油をさしても無理なのです。人生の苦痛や苦難を、そのまま心に宿していては、如何に努力をしてみても幸せな気分にはなれないのです。

先ずは、積極的な心意気を発揮して、ひと時でもいいから心を喜びと感謝が宿る場に振り替えていくことが肝要です。

人生に対する「考え方」が重要だ つまり「人生観」をもつことだ

人生に対する「考え方」を確立することほど、大切なことはありません。これにより、自己の「人生観」というものが構築され、「自分は何者か？」ということの解明にもなるのです。

人は、日常的にも絶えず何かに脅かされることが多く、そのため人生観があやふやだと惨憺《さんたん》たる人生を歩むことになるのです。

そうならないためには、先ず第一に「自分は何者か？」ということを把握することです。そのベースとなるのが、確固として、動かざる信念をベースとした「人生観」なのです。

人生を難しく考えてはいけない その「真理」は常に足もとにあるのだ 高邁《こうまい》な「哲学や学問」のなかにあるのではない

軽率に考えてはなりませんが、なまじ学問をしている人は、「真理」は遠く山の彼方や、深い海底にあると思い違いをしていることが多いようです。人間の「生命現象」のプロセス自体を、「真理」を考える中心に置けば、大きく的を外れた答えを出すことはないのです。つまり、考え方の「原理原則」をもつことなのです。

いずれにしても、人間の心の在り方が、結局は人生を「支配する法則」を生み出しているようです。したがって、どんな場合にも人間というものの生命は、食物連鎖からしても、多くの生命に支えられている「力の結晶」だ、ということを、心に強く思い込むことです。

この「納得する精神」こそが、正しい心の在り方を形成する場なのです。

悟ったと思った時が　迷いの始まりだ
人生には　完全理解とか
卒業などは　死ぬまで　あり得ない

人生において「悟る」とは、そんなに単純なものではないようです。

人間には「感応性能」という、我々の心の働きを左右する感覚が存在しています。

我々の人生において、その「積極化」を促進するプロセスに、ここまでという限界はないのです。

それぞれの人生とは、自然界に永遠に継続する「生命現象」とともに存在するもので、我々の心に尽きることのない「積極化」を求めてくるからです。

身体についてはさまざまな見解が示されていますが、最近の西洋諸国における見解を『生命に部分はない』（二〇一七年、A・キンブレル著、福岡伸一訳、講談社現代新書）から要約すると、次のようになります。

人間の身体は、神の姿を模してつくられたものであるから、人間が自分の身体に関して行えること、他人の身体に関して行えることには、おのずと制限があります。ユダヤ教などの宗教も伝統的に、臓器や細胞の移植のうち、あるものは許されるが、無償供与されるものとしています。

知る、考える、行動する

事ある時　報酬を意に介さず先ずは　行動する人たちがいるその行為は尊い

人物に対する評価は、その人の「行為」によって決まるのです。昨今、我が国における大災害の折に、全国各地から集まった「ボランティア」の方々を思い起こすことが出来ます。それが「まごころ」のこもった行為と、そうでない行為とでは、その結果の如何に係《かか》わりなく、その「尊さ」というものに、格段の相違が生まれるのです。言い換えると、その行為の根源である「心」というものが、初めから報酬というものを念頭に置いた「心」、それとはまったく異なる「まごころ」という純正な思いかで、大きな相違があります。要するに、「まごころ」ある生活の日々が、我々の心を安心立命の境地に導くのです。

修行には「理入と行入」があり日常生活でも範とすべきだ

中村天風「心身統一法」の習得には「理入と行入」という、二つの修行を完全に行うことが肝要です。「理入」とは、理論的な知識を優先した修行で、「行入」とは型を学び、先生の考案された「身体操練」などを実践する修行のことです。それぞれの意味を正しく把握して、身体を動かすことで、健康上の成果が現れ、全体として「心と身体」の相関の深さを確認し得るのです。

こうして、理論と実践とが一体となって、中村天風「心身統一法」の習得に近づくことが出来るのです。

「身体操練」は、いくつかの型から構成され、それぞれには深い意味合いがあります。

一般的には、理入は思想としての「暗黙智」、行入はデータや型の集合としての「形式智」と表現することも出来ます。

産業界に置きかえて考えると、「形式智」とは、工場内における多様な工程の作業技術を手法として習得することであり、その「暗黙智」とは工場の生産目的を全体像として把握していることです。我が国では、経営者だけでなく工場技術者もこの両方を理解していたことで「産業は人物なり」という強みを発揮したのです。

「知る」ことは　聡明を増すことである
「考える」ことは　心を磨くことである
「行ずる」ことで　自らの責務を果たすのだ

人間は、「知る・考える・行ずる」という一連の行為によって、社会の中で自身の能力を発揮しているのです。この一連の行為によって、一個の人間に宿る小さな「命：いのち」と、外なる自然の偉大なる生命圏とが、融合するのを感じることが出来るのです。このことを「天風哲学」では、「神人冥合《しんじんめいごう》」という言葉で表現し、一人の人間としても「私は力の結晶だ」と実感し得ることを説いています。

「行ずる」とは、実践することです。私が台湾で生まれた「湾生」であることから親交のあった李登輝元総統も、私との懇談の中で天風哲学の考えに関心を示されていました。

日本語で書かれた雑誌『致知』に、李登輝元総統の次のような一文がありました。

――知識を得て、それをもとに考えながら、理想や目標を掲げるだけなら、リーダーとして、まだ為すべき役割の半分しか、仕事をしていないと私は考えます――

「不平や不満」を口にすることが恥ずかしく不快なことと気づけば自己統御が身についてきた証拠だ

世の中には、人々の不平や不満が、人間社会に進歩と向上をもたらす原動力だと考えている人がいますが、それはとんでもない誤解です。不平や不満を言うという悪習慣は、いたずらに人々の心に苦悩や不快感を与えるからです。

不平や不満を口にしてしまった時には、直ちにそれは社会に「悪の循環」をつくるものと考え、強く反省する習慣を身につけることが大切です。

何事を為すにも「力と勇気と信念」を忘れるな その心には「調和」を宿すべし

世の中には、何かの目的に向かって、力も勇気も信念も、その心に充分に宿しているにも拘《かかわ》らず、一向に良い結果が得られないという人がいます。そうした人に限って、実践のプロセスで「調和」という大切な要件を無視して、自分本位に、ただがむしゃらに目的の達成に向かって突き進んでいることが多いのです。

「調和」とは、日々の仕事の中に、何かを主張するのではなく、要は、社会の中で他人のためになる行為を自ら進んで為すことなのです。

日々の生活に「情味」を見出すことだ
君の「生き方」が豊かになる

世の中の人の多くは、何故《なぜ》もっと生活の中の「情味」を味わって活きようとしないのでしょうか。

「生活の情味」とは、例えばイタリア人にとっての人生観を「マンジャーレ（食べる）・カンターレ（歌う）・アモーレ（愛）」と表現するように、日常における楽しさと素晴らしさを指します。これを実感することで、「快楽に生きる」人生観を育むことができるのです。

「情味」を味わって生活していないと、その結果は、ただ悲しいとか、苦しいとか、腹が立つとか、辛いとか、貧しいとか、出世しないなどという消極的な事柄にのみ、その心が引きつけられるものです。

そこには、人生においていささかの楽しさも、愉快さも、闊達さも感じることがありません。ただ、生きんがための、虚しい努力のみに費やされているからです。

そうなると、二度と巡ってこない人生の日々を、同じ生命のエネルギーを使いながら、極めて価値なく過ごしてしまうことになるのです。もっと心の使い方を立体的にして「長く、広く、強く、深く」人生を志すべきです。

日常的な「自己の言行」に責任をもつという覚悟が素晴らしい「人生哲学」をつくる

自己の言行に対する責任感の弱い人は、ややもすると自己の健康や運命にも、何らかの変調をきたすことが多いように思います。しかも、その原因を自己以外の他に転嫁しているにも拘らず、それが大変な間違いだと気づかない人たちに出会うことがあります。

健康や運命の変調を、他に転嫁して考える限り、それは決して正当な考え方ではないため、どうしてもその人の健康や運命を、より良き状態へ方向転換することが不可能になります。実際、人生と責任感くらい密接な関係性をもつものはないのです。

「真理」というものは物知りの人より物わかりの心に寄り添う

「真理」は、自然界における「生命現象」のプロセスそれ自体の中に存在すると考えられます。自然界の森羅万象を理解するには、生物学から物理科学は無論、さらに人間社会の複雑で曖昧な仕組みなどを理解することが肝要です。

したがって、どんなに物知り博士でも、個々の知識が社会において、どのような係わりのもとで、人々の役に立っているか、ということを理解することは容易ではありません。

一般に、物知りの人たちは個々の知識の数量は豊富ですが、それらにまつわる人間味ある故事来歴には詳しくありません。さらに、物事をストレートに観察し判断するので〈清濁併せ呑む〉という、大らかな度量のある人物は少ないように思います。

安岡正篤《まさひろ》「而学会」でも「物識りより、物分かりが肝腎」（二〇〇一年、安岡正篤『新編人間の大道』トーツー創研）と、よく聞きました。

「積極精神」には人間の「本能」によるものがある我々には「生存」と情味ある「生活」の調和が肝要だ

人間の「本能」には、食欲、性欲など肉体的な欲求による各種の欲望が挙げられます。これらは肉体的な快楽にも通じるもので、さまざまな感覚や、そうした感情からくる情念といったものです。一方、情味ある「生活」からは精神的な快楽が生まれます。

これらは自然界の生命現象によるものです。したがって、自然発生的なもので、ともすると制御不可能な、制約のない「積極的な行動」となりかねません。その扱いには慎重さを要しますが、禁欲的に抑えつけるのではなく、第二義的な「積極精神」として、大らかさをもった〈清濁併せ呑む〉の精神で対処することです。

さらに、動物的な感情情念といえる、闘争心、復讐《ふくしゅう》心、憎悪心、猜疑《さいぎ》心、嫉妬心などは人間の精神作用としては低次元な心的状態と考えられますが、これらも「本能」によるもので、前段と同様の対処の仕方を考えることです。

避けられないものに、人間としての「業：ごう」といわれるものが存在します。とりわけ、親子関係の「業」は何処までもつきまとうもので、自他ともに耐えねばならぬ難行といえるでしょう。

粗削りの「本能」を整えるには我々の「意志の力」を強化することだ

幸福な人生を送るということは、「本能」を如何に使いこなすかという課題を解決することです。本能は、自然物である肉体からの欲求なので、我儘勝手な欲望なのです。したがって、これをコントロール出来れば、我々の「理性」は強いといえますが、容易なことではありません。

天風哲学では、この「本能」を正しく統御し得るのは、我々の「意志の力」しかないと断じています。「意志の力」の強化は、人間を人物として、素晴らしく向上させる原動力となります。

事実、傑出した人物の多くは「意志の力」が強く、人生に煩わしさをもたらす欲望を自ら統御し得る能力を身につけることで、多くの卓越した成果を挙げることを可能にしました。勿論、そういった人物は宗教家は別として〈清濁併せ呑む〉の思想の持ち主で、禁欲主義者ではありません。

「意志の力」について、興味ある見解を紹介します。

――我々の身体機能は、五感から刺激を受けて「意志の力」が発現し、その力が「〈ある〉身体」から「〈する〉身体」に移行するのです。我が身体が、何かに押されているという感覚が「意志」と呼ばれるものです。

例えば「意志の弱さ」という言葉は、「〈ある〉身体」を押す自己の「意志の力」が薄弱で、なかなか行動に移すことが出来ない状態を意味しています（二〇一一年、山崎正和『世界文明史の試み　神話と舞踊』中央公論新社）――

「真理」は絶対的で不変だが「倫理」というものは相対的であり時代や国状により大きく異なり相反する

「真理」とは、唯一にして無二のもので、言葉を換えると「原理原則」に通じるものです。さらに、絶対的であるが故に未来永劫《えいごう》不変な存在なのです。一方で「倫理」もまた絶対的で不変であると考える人もいます。しかし、このことは大きな間違いです。「倫理」という意味付けは、人間による、その時代の政治的信条や、或いは文化意識の高揚などを理由に為されるからです。したがって、「倫理」は時代意識の変遷につれて大いに変わるべき性質のものなのです。

『礼記』の「男女七歳にして席を同じゅうせず」は、かの時代には、立派な社会秩序の「倫理」でしたが、現在では歴史的な意味を留めるのみで、社会「倫理」としては無意味な言葉となっています。実際に我が国では、戦前と戦後では、男女の人権意識や政治活動などの社会倫理もドラスティックに変化したように思います。

アメリカのカーター元大統領が、就任演説で述べたといわれる言葉を紹介します。

——われわれは、変わりゆく時代に、適応しなければならないが、さらにまた、不変の原則を堅持しなければなりません（一九七九年、伊藤肇『現代の帝王学』プレジデント社）——

勇気のあるところが「瑕に玉」こういう瑕こそ　磨けば玉より輝きを放つ

先生は青年時代に、政治団体「玄洋社」の社員としてでなく、父親の中村祐興《すけおき》と同郷で親交のあった、頭山満邸に書生として預けられたことが、大きな転機となっています。

頭山満は、自身を訪ねてきた陸軍参謀本部の上級将校に、青年三郎（天風）を「この男は、勇気のあるところが瑕に玉だ」とユニークな言葉で紹介しました。この言葉を先生はよほど気に入ったらしく、晩年になっても時折語っていました。

「玄洋社」について、興味ある方は井川聡・小林寛の著書『人ありて――頭山満と玄洋社』（二〇〇三年、海鳥社）を、ご参照ください。

武芸などの「修行の心得」は「修証一等」にあり　と道元禅師は説いた「悟り」とは　日常生活の質的集積だ

私は若き日に先生の紹介で、最高裁判所判事の岩松三郎氏にお目に掛かり、「修証これ一等なり」という言葉があることを聞きました。修行と悟りは常に裏腹の関係にあり、実践の中から悟りの心が芽生え、そのことにふと気づくというのです。

上野の図書館にて、ある日、道元全集を数冊借り、数日してその何冊目かに、この言葉を見出した時の感激は、未だに印象に残っています。

このおかげで先生からの解説が感覚としてわかったような気がしています。

この言葉は、修行や仏教だけのものではありません。例えば、「手習い」などの稽古ごともそうです。手習いは、書の上達を目的としたもので、続けることでそれなりの成果が得られるのです。手習いしつつ、少しずつ上達するもので、ある時に突然と上達するということは稀なのです。

この場合、「修」は手習いであり、続けることで上達という「証」が得られるのです。日常的な仕事もまた同様です。とくに、専門性の高い仕事ほど、その人が如何なる日常生活を営んでいるかによって、プロとしての仕事の出来栄えが決まるのです。「悟り」とは、真理を得ることです。ここでは、修行という実践的なプロセスの意味を理解し納得する精神の中にあるようです。

武蔵の「実の道」に見る生活の情味

私は、先生に宮本武蔵の『五輪書』を読むよう勧められましたが、実際に手にしたのは、それから二十数年も過ぎた頃でした。そこに出てくるのが、「実の道」という表現です。さらに『宮本武蔵「五輪書」の哲学』（二〇〇三年、岩波書店）という本に接してから、その内容が理解でき、著者の前田英樹立教大学名誉教授には、何かとお世話になりました。

武蔵の「実の道」とは、例えば、外の景色を眺めながらビルの階段を登り、一段でも高い踊り場＝「上達の境地」を目指すことです。この「行為」の繰り返しです。ここで、登りつつ外の景色を楽しむことは、天風哲学にいう「生活の情味」を味わうことに通じ、一段ずつ登るたびに、その景色が広くなり、違ってきます。

日常生活に「情味」を抱くという心の置き所一つで、過ぎた日々を後から振り返った時に、階段を高みに向けて登るたびにより美しい景色に接したという事実を知ることになるのです。

このことで、プロとしての自覚も一段と高くなり「上達の境地」に至り、と同時に、社会的にも尊敬を集めるのです。

日常生活では　後から振り返り楽しく役立つ日々を送れ

自分の生活では、これまで歩んできた道のりを後から振り返った時に、武蔵の説く「実の道」を彷彿《ほうふつ》させるような、楽しい日々を送ることを心がけたいものです。

この「上達の行為」を確認し、論理化することこそが、次世代に伝承すべき「手法」であり「哲学」となるのです。これに反して、階段を下りるという「後退する行為」はいけません。その行為をする人は、やたらと知識を振りまわし、或いは金銭を見せびらかしますが、何一つとして実体が伴わないのです。

困ったことに、「後退」は際限なく続くのです。バカには此処までだ、という「バカの壁」などないのです。

今だと思ったら　即座に　踏み出すことだ　心に描くイメージを　なぞるように歩み出せば　躓きながらでも「上達の境地」に至る

最近のように、携帯電話や電子機器などが普及してくると、何だってやれば出来るのです。自分は不器用だとか、年のせいで機械に弱いとか、物覚えが悪いとか、そういうことは一切考えないことです。

携帯やパソコンの操作は、ややこしいと思うから、ややこしくなるのです。決まった手順さえ身につければ、それらを自由に操れるようになり、自分の活動範囲がグーンと拡張されます。実践とは、そういうことで、そこで「上達の境地」に到達するのです。

「ああ苦しい」と口走ってしまったら「……と、さっきは言ったけど」と声に出そう

もし、不平や不満を口走ってしまったら、それを身勝手に、仕方がないことだと考えないで、すぐにそれを恥ずかしいことだと強く反省する習慣をつけることです。さらに、反省するだけでなく、その意識を打ち消すためにも、言葉として口に出すことが肝要です。過ちは、言葉と仕草で打ち消すことです。

そうして〈潜在意識〉にまで浸透するほどの力強い、積極的な言葉に置き換えれば、問題を残すことなく訂正することが可能となります。

多様に変化する現代社会にあって、明日から未来への充実のために、今日一日の個人の心構えと、その責務の大切さを、言葉により維持することの大切さを感じています。二十一世紀に活きる我々は、言葉が如何に重大であるかに気づくべきです。

日常的な仕事にも「氣」を込めることだ 生活のすべてに真剣な気分で向き合おう

人生においてどんな些細《ささい》なことにも、その結果としての現象が生じるには、多様な原因とルートが存在します。そのため、しばしば思わぬ結果を招くことがあります。とくに人間の取越苦労に由来する、強い怨嗟《えんさ》や嫉妬から生まれたものには注意しなければなりません。わずかな事柄でも、注意を怠らぬことです。

人間の根強い恨みが、社会現象などの背後にあることを察知した時には、とくに注意しなければなりません。これらは社会のひずみの氷山の一角として姿を見せることが多く、とりわけリーダーたるものは、この現象を察知し得る感性をもつことが肝要なのです。

自分自身について考える時には、身びいきや、やせ我慢は一番の禁物。静かに自分自身を見つめることです。

自分は神経過敏だとか、どうも気の弱いところがあると思う人は、心や精神が、外界からの情報を受け入れる時、とりわけ入念に吟味し取捨選択などに注意することです。

やれ困ったの　やれ情けないの
やれ悲しいの
という類の「消極的な言葉」は使うまい
自分自身が
颯爽たる勇ましさを感じないからだ

「はじめに言葉ありき」と『新約聖書』にあります。この当時の言葉は、現代の解釈とはかなり異なり、心の中を表現するイメージのようなものです。日本でも昔から「言霊」と言われ、その力が信じられていました。

「痛い時に痛いって言って、何が悪いのだ」などと言う人がいますが、具合が悪い時に具合が悪いと言ったら、体調が良くなるのでしょうか。

運が悪い時でも、「ああ、俺はなんてついてないのだ」と言ったら運が良くなるのでしょうか。言って良くなるなら、もうどんどん言えばいい。しかし、いくら言っても良くなりはしません。

悲観的な言葉を発すれば、悲観的な影響が自分自身に返ってくるのです。池に石をポチャンと落とすと、波がこちら側にもくるようなものです。言葉には人生を左右する力があるのです。この自覚こそが、人生をより良い方向に導く最良の武器なのです。

雑念・妄念を心に宿すな！「取越苦労」という愚行に悩むからだ

現実に起きていない、根拠のない、実体なき事柄を相手にするほど馬鹿げたことはありません。

また、不安から、将来に不幸が起こると思い込み、悩むことほど馬鹿げたことはありません。

根拠のない、主観的な想像や、苛立《いらだ》ちや怨嗟、嫉妬などからくる妄想で心を攪乱《かくらん》してはなりません。正しい、生命力の受け入れを妨害するからです。

魚は　水のなかに生きながら
そのことに気づいていないようだ
人間は「真理」とともに活きながら
そのことを自覚していない

「真理」とは、先に述べたように絶対的なものであり、過去現在そして未来永劫に至るまで何ら変化しないものです。四季折々の変化も、天体の壮大なる動きも、自然は立派に自律し、「真理」のままに動いているのです。

一方、「倫理」というものの多くは、人間のその時代時代の生存上の都合や環境などに合わせて人為的に作られたものなのです。

これも先に述べましたが、戦前と戦後における、男女の人権意識しかり、国家間の戦争での殺人と、平時の殺人に対する罪の認識しかりです。

人間は如何なる場合でも、善悪を判断する際には、相対的な「倫理」を基準とするのではなく、常に絶対的な生命をベースとした「真理」を本位に考えるべきです。

生命には「神秘」という言葉がよく似合う
生とは「生より入りて　さらに生なり」
死とは「生より出でて　さらに生なり」

森羅万象の中で、生命力には神秘的なイメージがつきまといます。これは万物に共通する感覚であり、「暗黙智」として、心に宿すものでもあります。暗黙智とは、言葉では表現できない事柄を、心に思い浮かべる自分なりのイメージです。シェイクスピアの戯曲中、ハムレットも「この天地のあいだには、人智の思いも及ばぬことが幾らもあるものだ」(福田恆存訳)と言っています。

これに対して「形式智」とは、造形や生産活動の基本であり、数値などを織りまぜた論理的な表現です。例えば富士山を拝して、そのイメージを心に描くことが「暗黙智」であり、高さなど物理的な数値、「データ群」や形状で、富士山を表現するのが「形式智」ということです。

生と死の考え方について先生から直接に伺ったのが、この言葉でした。私は、この年齢になってようやく、この時に「生」と言われた、先生の言葉の意味合いを理解しました。

「武士道と云ふは死ぬことと見つけたり」という著名な言葉が記されている『葉隠』という江戸時代の書物があります。この言葉の意味は、死を先取りして人生を手に入れ、主君に仕えるなどの志を遂げるために、生きて生きて生き抜いた後に、悠然として死を迎えるとの心意気です。

健康や運命に関係なく何時も「元気」でいられるのが人間だ

心の舞台づくりには、「進化と向上」を心がけることです。一日でも早く病を快復させ、本当に丈夫な人間になろうと思うなら、断然病などに負けてたまるかという「元気な状態」を心の底から煥発《かんぱつ》させることです。

病の快復を催促せず、元気にしているけれど、まだ一向に良くならないなどと思うのは、既に元気が引っ込んでいる証拠なのです。病などは「治る時がくれば治る!!」、こう考えることが一番大切で、これが本当に「元気という精神状態」なのです。

何事にも、とらわれていない心境なのです。こうした習慣を身につけることで、元気を維持出来ます。このような生活が出来るようになると、心の状態に何ともいえない余裕が出てきて、どんな事態に遭遇しても、慌ても驚きもしなくなり、あれこれと悩んで忙しくてたまらない、などということがなくなるのです。

宇宙に浮かぶ「地球」は自然の力による「自然物」であるその地球上に生誕した我もまた「自然物」の一つなのだ

この自然界に存在する「自然物」は如何なるものでも、皆一様に、自然界を統一する「自然法則」の支配を受けています。その中には身体構造は無論のこと、我々の脳が感覚を覚えるという現象も含まれています。

夜空を見上げるとそこには煌《きら》めく広大な「大宇宙」があります。我々自身の身体の内部構造も「小宇宙」といわれています。如何なる「自然物」も、その物理的なスケールを超えて、汲めども尽きぬ神秘的な存在であることに感動します。

味わう という感覚に感動

「この煮つけは旨い」。先生はこう言われ、私を見ながら「人間の味わう感覚は、広く深い」と付け加えられました。

先生が、亡くなられて間もなく、日本ＩＢＭ元会長の椎名武雄氏による「天城会議」で評論家の山本七平氏と食事をしながら、「味三代、耳二代、目一代」という話を聞き、先生の言葉が蘇りました。

これは、情報科学的にも正しく、味覚の秀でた人間の養成には「親、子、孫」の三代を要するようです。生理学的にも、人間の味覚は複雑であり、一度に多量の情報量を受け付け、学習効果をあげ、そのプロセスを伝達することは不可能なのです。したがって、遺伝的な要素に大きく依存し、少なくとも三代は必要とするということでしょう。

耳は、音感などの養成が挙げられますが、妊娠中の母親の胎内教育から始めるべきで、親が音楽に親しむことが大切です。音感の優れた人材を生むには、二代はかかるということでしょう。これらに反して、目が受け付ける視覚情報量は抜群に多く、一代の教育訓練で人並み以上の美的な観察眼が養われるようです。

心に描く理想のイメージが高揚するとそのパワーが「心身」にみなぎりオーラを発現する

こうなると、人生に迷うことなく、悩みを感じることもなく突き進んで、次のような事柄が〈潜在意識〉にまで浸透します。

自分の心を強く保つ努力

自分にはムリだとか、自分はダメだと考えてはいけません。人間は誰でも、生まれつき与えられた「潜在力」として天賦の積極的精神をもっているのです。

わが心が積極的か、消極的かを常に客観的に検討

勇気をもって消極的な考えを排し、積極的に思考することです。また、他人の言動により、消極的な心に感染しないように注意することです。

取越苦労の厳禁

絶対にしてはいけないことで、想像とはいえ、まるで運命の墓穴を掘っているようなものです。優先すべきは、積極心であり、楽しむ心です。

本心・良心に反する言動の厳禁

自らの心の力が萎縮《いしゅく》し、ついで消極的思考に満たされます。

多くの理論を知っていても
その具現化の手法を知らなければ
それは「本箱の知識」に過ぎない

物知りより、物わかりが肝心なのだ、と先生はおっしゃっていました。

理解出来ていないことならいざ知らず、かりにも理解していることすら実行出来ない、或いはしない人は、どんなに上手く弁解したとしても、結局は実行しようという意欲が欠如している愚かな人間ということです。

何故そうなのかというと、自己完成への情熱がそれほど強くないからです。最初のうちは、鉋《かんな》クズに火がついたような勢いでも、暫くすると初めの心意気は何処かへ消滅する人が少なくない。これでは、物わかりの良い人物にはなれないのです。

「終始一貫」という心意気が肝要なのです。

事業家は　背中にオーラを実感し
天からの声を聞くことだ
我欲を離れ　世に役立つことを考えよ

事業家が、自分の勝手な欲望で始めた事業は、滅多に成功するものではありません。本田宗一郎氏に、私が初めてお会いした時は、強烈なオーラを感じるとともに、背中を何かに押されて行動しているような印象があり、充満したエネルギーを実感したものでした。

事業に成功するのは、自分の欲望から離れ、志とともに「この仕事で、世の中の人のために本当に役立つものを提供する」との考えで実行した時なのです。

インドのヨガの里で、先生は、聖者から「お前は自分の身体のことばかり考えている。つまり、川上のことはそっちのけで、川下だけを掃除しようとしている」と言われ愕然《がくぜん》としたようです。

自分の身体のことばかりを考えることは、私欲という悪魔に呪われているようなものです。

人間ドックの数値（データ）に人は神経過敏になる数字が「病人」をつくるのだ

七十歳も過ぎると、人間は、身体の何処かに異常が見つかるのは当然のことです。すべてをデジタルの数値で表す昨今。健康体の平均値をもとに、あれこれと気に病めばきりがない。先生は、そうした考えから、痛さや不快感がある時は別として、いわゆる人間ドックの類は受けなかったようです。

人間には、一分一刻も安心できる瞬間はないかもしれません。しかし、船に乗ったら船頭まかせ、病になったら医者まかせという言葉が昔からあります。病にかかったらこう思えばいいのです。「治る病ならば、ほうっておいても治るのだ」と。

こうした考え方については、「健康に縛られない生き方。病気とは〈気を病む〉ことである」という言葉から始まる、畏友の著書があるので紹介します。

・二〇〇九年、渡辺利夫『人間ドックが「病気」を生む――「健康」に縛られない生き方』光文社

出来ない理由を並べ立てるな
片方が出来ていて
もう一方が出来なかったら
出来ているほうが本当で
出来ないほうが間違っているのだ

「何かの課題を出すと、大学出というのは、いち早く出来ない理由を並べ立てる」。本田宗一郎氏から聞いた言葉です。

出来ないからといって、落ち込むことはありません。勿論、勉強することは大切ですが、知識がどんなに豊富でも、出来ないことは沢山あるのです。しかし、新しい課題には常に挑戦する心意気をもつことが大切です。出来ない理由は、実践した後で見つければいいこと。そうすることで、新たなる論理が生まれることが多いのです。

知識だけ獲得して、人間が幸福になれるなら、一生懸命勉強した人は、みんな幸福になれる気がします。そして、勉強しない人は、みんな不幸であるべきはずですが、そうじゃないでしょう。

古語にも、「学者たまたま世を誤る」という風刺の言葉があります。

身体の強健な人が　心まで強いことは稀で時に身体の強さを失うと心の強さまで失ってしまう

心身は、相対的な関係にあり、自利利他の精神に通じるものがあります。

郵 便 は が き

料金受取人払郵便

代々木局承認

6948

差出有効期間
2020年11月9日
まで

1 5 1 8 7 9 0

203

東京都渋谷区千駄ヶ谷 4-9-7

(株) 幻 冬 舎

書籍編集部宛

1518790203

ご住所 〒 都・道 府・県	
	フリガナ お名前
メール	

インターネットでも回答を受け付けております
http://www.gentosha.co.jp/e/

裏面のご感想を広告等、書籍の PR に使わせていただく場合がございます。

幻冬舎より、著者に関する新しいお知らせ・小社および関連会社、広告主からのご案内を送付することがあります。不要の場合は右の欄にレ印をご記入ください。

不要 □

本書をお買い上げいただき、誠にありがとうございました。
質問にお答えいただけたら幸いです。

◎ご購入いただいた本のタイトルをご記入ください。

『　　　　　　　　　　　　　　　　　　　　　　　　　』

★著者へのメッセージ、または本書のご感想をお書きください。

●本書をお求めになった動機は？

①著者が好きだから　②タイトルにひかれて　③テーマにひかれて
④カバーにひかれて　⑤帯のコピーにひかれて　⑥新聞で見て
⑦インターネットで知って　⑧売れてるから／話題だから
⑨役に立ちそうだから

生年月日	西暦	年	月	日（　　歳）男・女

ご職業				
	①学生	②教員・研究職	③公務員	④農林漁業
	⑤専門・技術職	⑥自由業	⑦自営業	⑧会社役員
	⑨会社員	⑩専業主夫・主婦	⑪パート・アルバイト	
	⑫無職	⑬その他（　　　　　　）		

自力とは何か。自分の力、自分の努力、自分の地位や身分を、自力と思っているが、実はそうではありません。

それは、私利私欲の自己中心からくる迷いであり幻想です。人間の知性というものは、その時の自己と社会状況に応じて変化し進化しています。

自己の知性を基準に生活し社会活動をすることは、古い羅針盤で大海原を航海するようなもので、人生に大いなる誤算を生むこととなるのです。

モノづくりは大切だ　こだわれ
己を忘れて物を見よ
物を忘れて道を見よ

私は時折、先生と対話する機会に恵まれていました。当時の世相は、どうにか戦後の復興が軌道に乗り、工場では盛んに家電製品やテレビジョンなどが生産され始めた時代でした。

「君は工学系の若者として、この言葉を何年かかってもいいから、よく理解して仕事を進めることだ」と言われたことがあります。

次いで、「最も科学的な考察は、アインシュタインの相対性原理を基本とした論理思想を進めることだ」などと、言われたのには驚きでした。

というのは、詳しくは聞いていませんが、先生は大正時代にアインシュタインが来日した折に、何かの会合で出会い、彼と懇談しているのです。その頃、次のような難しい論調で「天風哲学」を記述していたこともありました。ご参考までに、紹介します。

「人生とは、時間と空間という実在のなかに存在する現象個性である。自己なるものを相対的に認識せしめる時の意識の総合なり」

善に強きものは　悪にも強し

先生は、この言葉を時折、講演でも使われていました。私は当時、毎月編集していた「天風会東京青年会誌」に、この言葉とその意味を載せようとして、先生にお聞きしました。

ところが、先生に「分かるまで、自分で考えてみなさい」と言われたことが、鮮明に記憶に残っています。当時もいまも、私の解釈は次の通りです。

日常的に人間の善というものは如何なる行為か、ということを充分に理解し把握する必要があります。その行為は、平常時も、また緊急時も大いに発揮すべきです。このことが出来れば、同様に「悪」についても認識を深めることが出来ます。悪を為すとは、例えば自己の多様な強い欲望による、抑制なき行為が挙げられます。

これらを、社会や組織の規範として、禁欲的に強いられ抑えるのではなく、心の自己意識を高めることで、時に応じて悪を分別し、それらを心の内にて制御し抑え「自己の言行」としない強い意志の力をもつことです。

つまり、人生を立派（自己の派を立て）に活きることなのです。

神の心は正義のみ
従って　人が正義を行うとき
神の力は　その人に無条件に注ぎ込まれる

先生が西哲の言葉として紹介したものです。正義とは「真理」にもとづく行為であり、「義を以て一点に止まる」と、安岡正篤の「而学会」で聞きました。一方、理性とは人間の生理的な身体現象と同様に、常に変わるということです。理性というものは向上し、進化し、発達し、変化しているからです。

世の多くの人々は、「理性」だけを標準として、ああでもない、こうでもないと考え、心のもつれの一切を解決しようとすることが多いようです。また、そういう力を「理性」がもっているがために、人生の一切をこの「理性」に任せて生きることが、一番安全だと思い違いをしているのです。

今日、自己の「理性」で判断して、こうだと思ったことでも、明日になってみると、それがまったく反対に、非となる場合だって往々にしてあるのです。変化きわまりない理性を基準にして生きようとすることは、狂った羅針盤を頼りに航海をするようなもので危険なことなのです。ここでの神とは、自然界の創造主体です。

「活きる」とは情熱を燃やすことだ 明日死を迎えるとしても 今からでも遅くはない

人間は、年齢に関係なく、人間それ自身なのです。世間の常識など気にしない、とりわけ「年齢を考えるなかれ」という存在なのです。七十、八十歳になろうと、自分が十七、十八歳だった時代を考えてみても、違っているのは身体だけではないですか。もう一つ違っているのは、心の中の知識だけの話で、心そのものは大して変わってはいないのです。時間は、何時もあるのです。死するまで、常に己の道を求めましょう。

最近、私は「百歳はこの世の治外法権」（二〇一五年、篠田桃紅『一〇三歳になってわかったこと　人生は一人でも面白い』幻冬舎）という言葉に魅せられています。

「万物の霊長」として自然と融合する文明を築こう

自然界には、侵すことの許されない「法則＝道」が、その生命を生かすため現存しています。現代の環境問題は、その侵すことの許されない領域で、我々の産業活動が展開されてきた結果と考えられます。動植物にも「生命法則」が存在するのです。

中村天風「心身統一法」における型は、何かを型にはめたり、規制したりするものではなく、その型を、我々自身の心身に持ち込むことによって、こだわりの心から解放され広い世界に導かれ、我々の行為を本来の「生命現象」の中に導くものです。要するに、支配の精神は消えうせて、自由になるというか、自然界に我々の心が融け合うのです。

次の言葉を、嚙み締めることです。

――自然に従う「順応者」は自ら栄え、自然に反くものは自ら亡ぶ――

これは先生がおっしゃっていた言葉で、言い換えると、粗削りの「本能」からの解放です。その型を通して、在りのままの大自然という広い世界に活きることが出来るのです。パソコンのアイコンをクリックすると、インターネットで多様な世界とつながることに似ています。

身体という「道具」を使うにはそれぞれの分に応じた心得が必要だ

日常生活において、我々が日曜大工の仕事であれ、何であれ「道具」を使うには、使用上の原則を誤っては、その道具を使う効果が著しく損なわれたり、下手をすると大切な道具そのものをも破損させてしまうでしょう。

我々人間についても同様で、それぞれの「心と身体」の使用に際して、その時々の分に応じた原則を守らなければ、身体のみならず、心にまでも思わぬ弊害をもたらすことになります。

宮本武蔵の『五輪書』にも、これと同じような「道具論」が出てきます。武芸者としての道具は、刀剣をはじめ武具です。武蔵は、自己と道具と闘いの舞台という三位一体の場づくりに、一つの法則性を見出して、これを兵法「二天一流」と呼んだようです。

トップを志す者は
何よりも人間をつくれ　と同時に
プロとしての仕事に励め

どんなに立派な事業計画や経営方針が確立していても、個人的な健康問題や運命に非なるものに遭遇して、それらを適切に実行できない人間となっては、どうなるでしょうか？

創業家や、会長・社長などといえども、それらは名だけのものとなり、やがては倒産の憂き目を見ることになります。

「天風哲学」は、何よりも個人の心身づくりに始まるのです。

計画の成就は
不屈不撓《ふくつふとう》の一心にあり　さらば　想え
気高く強く　一筋に〈潜在意識〉にまで
浸透する
強い持続する願望と熱意をもって……

この言葉に感動した、稲盛和夫氏は次のように述べています（筆者との対談より）。
「天風さんの説く、考え方というのは、単にいろいろと思い浮かべるのではなく、

〈潜在意識〉に隠されている意識（観念要素）までを、総動員し得るような強烈な思いを心に思念することが必要だ、ということなのです。

あれもしたい、これも欲しいという『雑念妄念』を払拭して、崇高なまでに気高く強く思い続けるということが大切なのだ、ということを学びました。

次いで、『謙虚にして驕らず、さらに努力を……。現在は過去の結果、将来は今後の努力の結果で決まる』のです」（二〇一七年、拙著『晩節の励み』三五館）

このことから、稲盛氏は次のような人生の方程式を導いています。

「人生・仕事の結果 ＝考え方×熱意×能力」

幸せを導く人間関係

自ら処して超然
人に対して藹然《あいぜん》

世間の常識にこだわることなく、自己に対しては厳然として己を戒めることは当然であり、他人に対しては常に〈清濁併せ呑む〉という心得で、穏やかにして寛容ある態度を失わないことです。積極心を、俳句で表現すれば、

気に入らぬ　風もあろうに　柳かな

という一句になる、と先生は説いていました。

先生がつくられた天風『六然訓《りくぜんくん》』からの引用です。詳しくは拙著『中村天風と「六然訓」』（二〇一二年、ＰＨＰ新書）をご参照ください。

「まごころ」ある　思いやりの行為とは相手の気持ちになって考えることだ

思いやりということは、まごころを基盤としたもので、実に尊い、聖なる情念です。それは、何人も否定し得ないということです。

これは、人間のみが為し得る美しい心情からくるものです。如何なる時も、相手の立場になって考えるという、人間として一番大切な純正なものなのです。

社会の根底にあるものを、独特な文化的要因として、これを「組織文化」として理解することが大切です。この世の多くの構造物は、さらには社会現象なども、もとを正せば我々が意識し、行為することで生まれてきたものです。

自己の存在のみを主張し
他人との協調なき「自己中心主義」は
正当で普遍的な人生観ではない

こうした認識のもとに「心身一如」が語られるべきである、と先生は説いています。自己の存在のみを主張してはならないということです。

豊かな愛情は同時代に活きているのだ という尊さを喜び合う心意気から湧きあがる

愛情、すなわち「愛の情」を心に満たすと、即座に、何ともいえない「いとおしい気持ち」を感じるものです。と同時に、いとおしいという気持ちによって、社会で相対するすべての人々や事柄に、無差別に同化する能力を発揮するものです。

したがって、一つに溶け合う、言い換えれば「唯一無二の境地」(unite in one and only) に容易に到達するのです。愛の情の中には、いささかも憎しみの情がないことで、愛の情と憎しみの情が「本来不可分」であるとの通念を、豊かな心で消し去ります。

こうした親しみの情念が、愛の情に見られるのは、「愛の情」そのものが「宇宙の氣」による働きだからです。「宇宙の氣」には、宇宙創造を成し遂げた根本主体の大らかな意図が内在されているのです。

この宇宙創造の「根本主体」の意図こそが、中村天風「心身統一法」の基盤を成すもので、宗教的には「神仏」の御心ということです。一般的にも、人間による愛の情とは「本心良心」を指しています。

「他人の言行」を心の鏡として日々に励めば爽やかな「対人態度」が育成される

如何なる場合も、他人の心を消極的にするがごとき言行は、絶対に、為すべきではありません。病に悩んでいる人や、運命に弄ばれている人たちは、余ほどの人物でない限り、その心が消極的になっているものです。

したがって、そうした人々には、一段とその心を積極化するために、働きかけることです。そうした人々に同情の余り、彼らの言行に同調するような行為は、厳に慎むべきなのです。

同情するつもりで、「痛いでしょう、苦しいでしょう、お気の毒だわ」などと、暗い顔付きで言うのは親切な言葉のように響きますが、実は、相手の消極心をいたずらに煽《あお》るようなものです。理想的な、同情ある対人態度とは、常に相手に健康な状態を思い起こさせ、相手の心に元気な積極心を誘発することなのです。

病人や不運な人たちには相手の嘆き悲しむ仕草に惑うことなく心を込めた「善導」を為すべきだ

病人や不運な人というのは、心身ともに疲弊し元気がなく、意気消沈していることが多いと思います。彼らとのコミュニケーションの言葉も、余ほど注意しないと、相手側の同情を誘う消極的な言葉に同調してしまいます。うっかりすると、そうした人に対して同情の余り、相手と同様に消極的な言葉でのみ対応することになるのです。相互の関係を考えると、病人相手だと明るい雰囲気となることは稀で、暗い沈んだ雰囲気となり、相手の病気の状態を益々ひどくするという結果になりかねません。

ここでの「善導」とは、病人を励ますとともに、相手の暗い消極的な言葉を大らかに受け止め、その消極的な言葉に上手く対応しつつ、明るい雰囲気づくりに努めることです。こうして、対話の場を積極的なイメージにつくり替えることです。
正しい同情には、こうした勇気をもつ「善導」が必要かつ大切なのです。

〈清濁併せ呑む〉ことに不器用な人は広い世界を狭く活き 知らず知らずに人生を不連続なものとする

出来るだけ人の為すことを褒めることに努め、みだりに人を批判しないように心がけ、万一、人の失策を見出したら、それを許すと同時に、忘れることに努めよう。そうすることで、我々の人生に幸福な時が訪れるということです。中国の『論語』にも、世の安定は、その人の一善を見て、その人の百の過ちを忘却することだ、とあります。

いずれにしても、人生を全うするためには、常に〈清濁併せ吞む〉ということを心がけ実践することなのです。人は、良いことばかり出来るものではないのです。善を為しながら、時には悪を行いつつ、物わかりの良い人物を育むのです。

人を憎んだり　恨んだり　中傷したりする人は　自分も　必ず他人からそうされる

自然界の生き物たちも、また人間社会も「エコロジカル・システム」として、多くの因果関係の「輪」で成り立っています。自分は、一人で楽しく活きていると考えていても、他人とは気が付かない大きな輪でつながっているものです。

天風哲学では、こうした「真理」を理解した上で、「一人でいても寂しくない人間になる」ことで、その人物が独特の光を放ち、その結果、有能な人たちが集まってくると説いています。天風哲学を実践する目的は、そうした精神の充実を図ることにあるのです。

他人への批判は自己を戒める課題とし自らの派を立て活きることだ

先生は、他人に迷惑を掛けないという心がけのもと、楽しくひとり立ちして、社会の中で闊達に活躍するという、立派な独立の精神を養わなければならない、と説いていました。立派とは、自分で一派を成して活きることです。

ともかく、因果は巡るものです。他人を批判し、その人の悪口を言いながら、自分は他人から褒められるなどと、虫のいいことは考えられないでしょう。他人を批判する問題の数々を、自分への戒めの課題とすることです。

「真理の実践」を心がける者はみだりに他人を批判してはならない自分自身を厳正に批判することだ

「真理の実践」とは、「真理」というものを実感しつつ生活する心意気です。「真理」というものは、我々が、見たり触れたり出来るものではなく、我々の「感応性能」が感じて、ただ納得すれば良いものなのです。

「人のふり見て我がふり直せ」という諺《ことわざ》があります。他人の言葉や行為をやたらと批判する人は、人のふりに我がふりを正しく照合して是正するのではなく、一方的に他人を批判するだけです。

したがって、その批判からは少しも価値ある教訓を得ることはありません。これでは、人生にとって大切な自己自身の統御ということに、少しの進歩も向上も見られないのです。

「真理」に即した生活とは、他人のアラや欠点を詮索するのではなく、自分のアラや欠点を認識し厳しく正すことから始まるのです。

一身自立して一国をなす
それぞれが「家庭平和」を確立すべし
家族愛は「世界平和」実現への源泉だ

「独立とは自分にて自分の身を支配し他によりすがる心なきを言う」と、『学問のすゝめ』で福沢諭吉は述べています。世の中には、家庭生活の大部分を感情のおもむくままに暮らしているような人が多く見受けられます。

自分自身がそうした態度のまま、社会や国家が形成されている限りは、世界平和というものは、まさに「絵にかいた餅」のようなものです。何故ならば、感情に重点を置いた生活では、社会に真の平和というものが訪れないからです。

福沢諭吉の説く「一身独立」を実現することが、今日でも、日本人の永遠の課題だと考えています。真の平和を実現させるには、相敬い、お互いに自制し、相譲り、相愛し、相楽しみ、相導き、相助け合う、という完全調和の美しい気持ちが社会にみなぎり、総合的な活力となって、家庭内の隅々にまで反映されることが、何より先決事項なのです。

芸術家は確信することだ 自己の「美意識」がオーラを煥発して 他人をも巻き込むのだ

先生のもとには、音楽や絵画やデザインなどに秀でた芸術家も多く集まっていました。私は、幸運にもそれらの方々と親しく交わり、美意識への関心が芽生えてきました。

先生は、彼ら芸術家との交流を楽しんでいました。そこには、事業家との交わりとは自ずと異なるものがありました。「自分の美意識を信じて突き進め」という自己認識の激しさの必要性を強調していました。

私の親友で、検事から弁護士となった、渡部喬一（一時期、中村天風財団の監事を務めた）に誘われて、彼の晩年に「書の破壊と創造」などで著名な、書家井上有一に惹かれました。「天風哲学」を彷彿させる、井上の一文を紹介します。

——誠に書こそ次の世界を築く唯一の最高の造形芸術であると信ずるが故に、この道にはげむものである——

（二〇一五年『別冊太陽　日本のこころ——２３５』平凡社）

人間社会は　相互依存により成り立つ
箱根山　駕籠に乗る人担ぐ人
そのまた草鞋を作る人

この世の中に生きる人たちは、如何に偉くなっても、自分一人では活きていけないのです。他人あっての自分、自分あっての他人だ、ということです。

このことを理解し得れば、それに良心が感応し、報酬を超越した責任感となり、さらに、それが当然の帰結として「まごころ」となって発露するのです。人生において、信念ある行為とは、心の積極的な「心意気」なのです。

行為に「まごころ」が伴えば、絶対的な強さが加わり、日常生活に疲労を感じることもなくなるのです。こうして、期せずして毎日が常に明るく、朗らかに溌剌《はつらつ》としてくるのです。

「まごころ」とは「輪」の文字に通じる
小さな仕事にこそ
「まごころ」を込めることだ
愛憎を超越した　親しみが湧きあがる

「まごころ」を込めると「和」の感情が湧きあがります。

生活に情味をもつということは、まさにこうしたことです。一杯の茶にも「はい、有難う」と返事をするように、些細な行為であっても、「相手に気に入られよう」とか「好感をもたせよう」といった自己中心の気持ちからではなく、何も求めない純粋な「心」でそれが行われる時、その行為からは形容しがたい温かいものを感じることが出来ます。

それがすなわち、「まごころ」というものに、尊さを感じる時なのです。

和の文字は、「輪」を根源とします。これは、ゼロ（0）を意味し円満の象徴であります。さらに、二つの円満が一つに統合することでもあります。

all in one の実態表現であり、whole concentration ＝ unification（全体の集結＝統一、統合）となるのです。思想や主義の如何を問わず、平和を念じることは人間の魂の本来の在り方なのです。

凡人は敵対し　優れた人達は和合する仲良くすることを　まず考えるべきだそれには「出会いの瞬間」が大切だ

天風『六然訓』に、「藹然接人《せつじん》」との一節があります。

心から湧き出るような、優しさと思いやりをもつことが人としての聖なる情念であり、それが如何に尊いか、誰でも知っています。しかし、それを本当に実行している人は、非常に少ないというのが現実でしょう。

思いやりとは、相手方の気持ちになるということ。わかりやすくいえば「自分が先方の立場にいたらどうであろうか」ということを考えることです。

思いやりとは人間社会の理想的な本質に迫る言葉ですが、その実現には、並はずれた気迫と「天風哲学」のような精神世界の存在を理解することが必要です。

外見からすれば　凡人と真人とでは凡人の方が真人より小才もあり　利口そうに見えるものだ

真人とは、自らの道を知る人物で、世間の常識に惑わず、小事些事《さじ》にみだりに係わらず、人事世事にもあえて過敏に対応しない。言い換えると「真理」を感じつつ生活している人です。

凡人とは、書物を書いたり手にして、あれこれと話題をつくる人たちです。見た目には、凡人の方が賢そうに見えます。時として、信念ある真人は、毀誉褒貶《きよほうへん》をも大して意に介さぬ御仁が多く、常識的でないかのように見えるものです。

ただ、社会は凡人の棲《す》み処《か》です。身なりを整え、書物を読んで知的な話題を提供することも大切なのです。「人は見かけ」も大切、と考えましょう。

自分に責任はない　との思い込みは責めを他に負わせようとする行為となり自らの人格を　下げる

人生において、人間の身の上には、その人が心に思っていないことは、絶対に生じないものです。日常の多くの出来事に対して、自分に責任はないとの思いを強くしている人たちが多く、こうした無責任な態度が社会を混乱させるのです。

強い心とは何か

終始一貫
終わりを慎むこと　初めの如《ごと》くあれ

一九六〇年一月ですから、既に半世紀も時が過ぎました。先生は私に「君には、これでいいか？」と和やかに問いかけ、墨痕鮮やかな「色紙」を示されました。「有難うございます」と答える私に、先生は傍らの筆を執り、さらさらと日付と私の名を加え自ら「印」を押され、色紙の向きを変えて差し出されました。その日は私がアメリカに留学する二日前の昼下がりでした。その時の光景と、ワクワクしていた緊張感が、いまもはっきりと蘇るのです。

先生からの色紙には、私にとって特別の意味合いがありましたが、それは別として、この言葉は「真剣抜刀術」による戒めと聞いていました。真剣を、手にしての抜刀ですから、最初から最後まで、一貫した心構えを忘れてはいけない、という言葉なのです。

言い換えると、何事を始めるにも大切な心意気は、「終始心構えに油断あるべからず」ということです。この心構えが、心に「積極心」を持ち込むのです。

天風哲学の「積極心」とは心を癒す場づくりであり同時に「寛容な心」を育む

天風哲学の「積極心」とは、「消極心」の対義語ではありません。対峙《たいじ》する事柄から無縁な心の状態を意味しています。この心情を表現すれば、「晴れてよし　曇りてもよし　不二の山」との俳句になる、と先生は言われていました。

「積極心」とは 事ある時も 事なき時も その心が「泰然不動」の状態をいう

「積極心」とは具体的には、病苦に襲われようと、運命難に陥ろうとも、心がこれを相手にせずに、また係わりをもたないということです。言い換えると、勝とうともせず、また負けようとも思わずに、超然とした態度で生活に勤《いそ》しむことです。天風哲学を創建する転機になったといわれる中国の古典をもとにした、天風『六然訓』に「超然任天（天空からのシナリオを読み解く）」との一節があり、それに通じるものです。

我々の言行態度は「実在意識」からの発現だがその根源は〈潜在意識〉に依存する

天風哲学の基本は、我々の意識には「実在意識」と〈潜在意識〉が存在し、社会に対する人間の言行という態度は、「実在意識」から現れるというものです。しかし、その根源は〈潜在意識〉に棲みついている事柄、つまり「積極的」か「消極的」かという「観念要素」の内容に大きく左右されます。

先生は、この事実を理解して「入念な省察：自分自身を省みて考えめぐらすこと」の必要性を説いています。

こうした考え方は、学会や社会的にも話題を呼んだアメリカの心理学者、ジュリアン・ジェインズ（Julian Jaynes：一九二〇年〜一九九七年）の、膨大な考察をもとにした著書に「二分心」として記されています。その翻訳書は、『神々の沈黙　意識の誕生と文明の興亡』（二〇〇五年、柴田裕之訳、紀伊國屋書店）という題名の労作です。

ジェインズは、我々の行動を「脳」の生理学的な解明をベースに考察しています。例えば、「私たちの行動は、脳の配線図と、外界の刺激に対する反射作用とに完全に制御されている。意識は、配線が出す熱であり、随伴的な現象に過ぎない」と論じています。私はシステム工学者として、「天風哲学」との関係性に興味を抱いています。

人間の悩みは単純なもの「取越苦労」か「消極思考」の何れかだ我が心を悠然と省察すべし

人生において、日々に何かの悩みを、心に宿すほど不快なことはありません。しかし多くの人は、それが人間として当然な心の状態と勘違いしています。「悩みなき」人間は、知的なレベルが低いか、神経の鈍感な人間であるとの認識さえあるように思います。

「悩み」という心理状態は、発作的に偶発するものではなく、そこに必ず「取越苦労」か、或いは「消極思考」が存在しています。「取越苦労」とは、実際には起きていない事柄を、あたかも起きているかのように心の中で思い悩む状態をいうのです。

次いで「消極思考」とは、恐怖、悲観、嫉妬、憎しみなどの感情に悩む思考のことで、その結果、我々の心が悶々《もんもん》とする原因となるものです。

それらネガティブな思考が、己の〈潜在意識〉にまで浸透して、〈潜在意識〉に宿っているネガティブな観念要素を「実在意識」に持ち込むとともに、悪いことに、それらが〈潜在意識〉に「消極思考」の観念要素として加わることになるのです。

この状態で「実在意識」が、何らかの感情的に不安な刺激を受けると、その感情が〈潜在意識〉に蓄積されているネガティブな観念要素を揺さぶり、それらを「実在意識」に持ち込むのです。その結果、我々の心が具体的に思い悩むことになるのです。

積極一貫

自然界のすべてのものや現象は、究極的には「空」と名づけられる「有の領域＝唯一の存在」に内在する事柄から発現したものです。その上で、人間はどのような時でも、その心は、断固として積極的に、厳として「空」を認識すべし、という意味です。

「空」とは、何もないということではないのです。我々が意識として、把握し得ない物や現象などで、実存する一切の「有」というものの「存在」をいうのです。

日常的に　我が身の一切の思いを「感謝の念」に振り替える　それが「天風哲学」の原点だ

天風哲学の基本となるものです。中村天風「心身統一法」の実践は「精神生命」を活性化することに始まります。そのためには、感性を磨き「感応性能」を充実させることが重要であり、それは「感謝の念」を強化することで達成されるのです。

つまり、「感謝の念」をもって人生の一切に対応してこそ、自己の人生を有意義に導くことが出来るのです。

特に、不平や不満を心に感じた時には、その原因をさぐり、取り去ることで、その感情を感謝の念に振り替えるように努めることです。

「内省検討」ということはすべからく我執を離れて行うべし利己的な自己弁解に陥るからだ

我々が、より良い人生を活きようと思うならば、常に自己の心の在りようを検討し正すことです。つまり「内省検討」の実践であり、天風哲学の重要な課題の一つです。その時、心がけるべきことは、その考察態度です。そこに、自分に都合のいい、言い訳や自己弁護からくる、こじつけや屁理屈《へりくつ》があってはならないということです。この時、自分の心の在りようが、他の「第三者の心」と融合するように努めることです。例えば、企業統治においては監査委員会などが企業の業務を監視しますが、人間個人の心の営みにも監査委員会の設置が必要なのです。

心身に嵐の如く襲いくる刺激に対して精神の「積極化と安定性」を堅持しようそのため「神経系統」の理解が肝要だ

ここで大切なことは、我々の「神経系統」のしくみを大まかに理解することです。

さらに、注意すべきことは、平素から「消極的なネガティブ思考」で生活している人の神経系統の反射作用は、常に消極的な心理状態にあり、俗にいう神経過敏の状態になっています。そのため、時には常軌を逸した異常な反応を示すことがあるのです。

たとえ小さな感覚刺激でも、それが消極的なものであれば、より大袈裟《おおげさ》な不安情報として脳に伝達され、思わぬ結果を招くことになります。そのまま放置すると、「精神の安定」が攪乱され生命が危険な状態に陥ることさえあります。

このことを正すためにも、我々にとって、「神経系統」のシステムとその働きを理解することは重要な課題となります。

自然界の「生命現象」は真理のもと「積極的」に反応する颯爽たる姿こそ「自然の摂理」の表現だ

積極精神とは、実は「無念無想」の心のことです。つまり、事ある時も事なき時も、心は何かに対峙するのではなく、常に泰然として惑わされない状態にあることです。先生は、その姿勢こそが「絶対的積極」なのだ、と説いていました。

こうした心の境地が、我々を「心身一如」に導くのです。先生はこの状態を身につける実践的なシナリオを、中村天風「心身統一法」として体系化したのです。

漠然と「心を大切に」と言っても、情緒に流されてしまっていては、心を本当に強くすることは不可能です。心というものの正体を見極める努力を重ねつつ、我が心を自分自身で正しくコントロールし得ることが重要なのです。この時に我々の「潜在力」が発揮されるのです。

人間の心は同時に二つのことを思えない 楽しんでいる心には苦しみは姿を見せない

先生は「心の使い方」という、稀有《けう》で実践的なシナリオを「心身統一法」として残しました。その時々に応じて、百芸を見渡し一芸としての「心の使い方」を実践することこそ、いまの時代に必要とされていることなのではないでしょうか。

我が身に病があっても、それに思い悩まなかったり、人生の不運と遭遇しても、気づかないでいる時など、我が心さえ煩わされなければ、人間は幸福でいられるのです。

シャンソンの「ミラボー橋」の一節にも、「悩みの後には楽しみが来る」というのがあります。

武蔵の『五輪書』に「有構無構」とある
勝負において 打ち負かすとか
負けまいとする 敵対心があるうちは
真の「積極心」は現れない

真の積極心とは、何事かあった時も、そうでない時も、常にその心が泰然として揺らぐことのない状態をいうのです。そのような心の状態は、「対立」や「拮抗《きっこう》」ということから超越していない限り実現しないのです。

「有構無構：構えあって構えなし」、という宮本武蔵の名言があります。自分の心が、目の前に現れた事象を、惑うことなく在りのままに受け入れている状態が「積極心」だと考えられます。それを意識し、打ち負かそうとする心などはいわば「相対的積極」であり、心に宿すという意味での「積極心」ではないのです。

「積極心」とは如何なる病や災い、さらに悪運に見舞われようとも、心がそれらを相手として認めない関係性をいうのです。言葉を換えれば、勝とうとも、負けそうだとも思わず、天に任せて超然と落ち着いている状態です。これが理想とする「積極心」、つまり絶対的な強さをもつ「折れない心」なのです。

腹が痛かろうが　熱があろうが
心を強くして活きることだ
健全な身体は
健全な精神によってこそつくられる

古代ローマに「健全な身体に、健全な精神を宿らせ給え」という祈りの言葉がありま す。それが、「健全な身体に、健全な精神が宿る」との言葉となったのです。

しかし、身体は、心が強くなければ、決して強くはなれないのです。

心を疎《おろそ》かに考え、心はどんなに神経過敏でも、身体だけがどんどん強くなるということは絶対にありません。

健全な身体は、健全な精神によってこそつくられるのであって、健全な身体によって、精神が守られることはあっても、つくられるものではありません。身体が強ければ、心も強くなると考えたとしましょう。そんな心が、頼りになるでしょうか。何故かというと、身体が強い間だけ、強い心があり、身体が弱くなると、心も弱くなってしまう。そんな心なら、在っても無くても同じではないですか。

命を喜ばせ ワクワクする心づくりに努めよう そのプロセスで 意義ある人生が築かれる

身体は病弱でも、心が大変に強い人物が時にはいます。その一例が、生まれつき恵まれぬ、弱い身体の持ち主であったにも拘らず、その不屈不撓の精神力で、死ぬまで幾多の著述を世に出した哲学者、I・カントで、先生は次の言葉に感動したと述べていました。

「余は、余の心に最大なる感謝を捧《ささ》げる。余の生来の病弱体を今日まで生かしてくれたのは、ひとえに余の心である」

如何なる時にも、我が心には、楽しい人生の日々を思い巡らすことを考えよう、と説いた言葉です。人間は幾つになろうとも、命を喜ばせ、全身が躍動するような心づくりに励むことが大切なのです。

宮本武蔵は、相手の剣が光なら、自分はその影となって動くことで、幾多の果し合いを勝ち抜き、そのプロセスで自らの心づくりに勤しんできました。武蔵は『五輪書』において、自己の人生を振り返り歩んできた日々を「実の道」と表現したのです。まさに、経験を思想とし意義ある人生を歩んだのです。

我々人間は自然界の「真理」に即応して日常的にも「進化と向上」の実現に努めようこうした「生活意識」を鮮明にもつことだ

自然界の万物万象は、調和の上に成り立っています。その調和が、何らかの原因で崩れると、そのまま放置せずに元に戻そうとする「自然の力」が作用します。当初は、歪《ゆが》んでいるシャボン玉でも時間の経過とともに完全な球体へと変化するように、不完全を完全に復元しようとする「自然の力」が繰り返し働いているのです。

宇宙の一切を、完全ならしめる努力が休むことなく果てしなく継続しているのが「宇宙の法則」なのです。こうした「意識」を、生活の中に、鮮明にもつかもたないかでは、その後の人生に大きく影響します。

「真理」は冷酷にして非情なものだ それは人間の境遇だとか その人の運命に同情することはない

古い諺に、「陽気発する処、金石また透る」という言葉があります。この意味は、「どんな困難も精神を集中すれば打ち克つことが出来る」というものですが、天風哲学ではこれを示唆しています。

思い方や考え方が「積極的」であれば、輝く成果が生まれ、「消極的」なら暗く陰鬱なイメージを生む、そういうように「真理」は組み立てていくのです。

私は「力の結晶」だ　病にも　運命にも　否　あらゆるものに打ち克つ力だ

これは天風哲学の中核をなす言葉です。病の時、心がもしも病のことばかり思い悩み、病に負ければ、治るものも治りません。反対に、医者がさじを投げ、治らないと決めつけた病でも、心が病を気にかけず、つまり病に打ち克って、積極的精神が涵養《かんよう》されると、治らないまでも、医者がびっくりするほど長持ちをすることがあります。

このことも、「生命現象」に宿る真理からくるものです。

運命に虐げられた時も、やはり同じ結果がそこに生まれます。心がそれに打ち克てば、その人はその運命を乗り越えることが出来ますが、心が万が一にも負けてしまえば、その人は再び運命から立ち上がることが出来ないでしょう。

何のことはない、自分で墓穴を掘るような結果をつくるのです。人生における心の態度が、良い方にも、悪い方にも導くのです。

力を入れることではなく力を働かすことを考えよう

人間の心というものは先に示したように、悲しくて楽しいとか、辛くて嬉《うれ》しいというように、同時に二つの相反する感情をもつことはできません。この原則を利用して、「消極的な感情」を積極的な言葉で追い出してしまうことを考え、実践手法をも提示しているのが「天風哲学」なのです。

それによって、体調が整い、老化を妨げるなど多くの効能が現れるのです。エコロジーを基盤として考えると「天風哲学」は、あらゆる生命を支える力の総称である「エコ・エネルギー」の考え方を導入した、「科学哲学」ともいえます。

注意すべきは「得意満面」の時に心の備えを緩めぬ心がけだ日常的にも「残心」の心得が肝要だ

日常の中で、得意になっている時は、大抵の人は有頂天にもなっています。その結果として、心の備えが緩むのです。心の備えを緩めると、運命や健康の破綻の原因が誘発されるのです。

武士道にいう「残心」とは、闘い終え、勝ちを収めた時の心構えの大切さを意味しています。わかりやすくいえば、闘う前の心構えと、闘う最中の心構えと、闘い終わった時の心構えに、いささかの違いもあってはならないという戒めです。

まさに先に示した「終始一貫」の心得なのです。勝ちを収め、闘い終わった時も、闘う最中と同様、かりそめにも安易に心を緩めるなかれということです。

人生という現場で心に「積極心」を宿すには「私は力の結晶だ」との信念を強めることだ

元気という「氣」が出てくると、人間と宇宙における「真理」とが完全に一体となるのです。元気が出た時には何ともいえない爽快さを感じるものです。とにかく、元気潑剌とした状態で活きることこそ、最も「真理」にかなった状態であり、必要かつ大事な心得なのです。

如何に壮大なる理想を抱いても、行動のベースとなる「心と身体」の連係があってこそ実践でき、その「経験が思想」になり哲学となるのです。人間の心にだけ、優れた目的や哲学を生む偉大な「潜在力」が与えられているのです。

この心をさらに磨き、無限の力を誘発するには、枠にはまった「観念の世界」から逸脱することです。こうして、何事をも実践する力を自己の潜在力から獲得できるのです。

人生とは「生命現象」を燃やす現場だ
楽しい人生を築くには
感覚を鋭くし　精神を正し
日々「心身一如」に活きることだ

心というものは、人々が考えているより、遥かに偉大な存在なのです。心の働きは「生命現象」の在りようにも大きく影響しています。さらに、心は我々の社会活動のすべてを司るのです。この心を、正しく積極化するために、日々に「心身一如」を具現化することです。こうして、我々の人生は、その生涯を通じて極めて有意義なものとなるのです。

晩節の励みが死生観を超える

人生百年時代といわれるいまだからこそ、年齢に関係なく「心身一如」を心がける不断の努力が大切だと思います。ただこれ一つです。不断の努力に不可欠の条件は、如何なる場合にも真剣にして、高揚する心構えを欠いてはならないということです。

さらに、先生は次のような英国で聞かれたという諺を紹介されたことがあります。

「お前ががっかりした時に、ああ、俺は、とても幸福だなあ、と、嘘《うそ》でもいいから思うがよい」

生き続けることも、また死することも自然の道理に導かれているのです。こうした「真理」を、受け入れる覚悟をもつことです。これがまさに「快楽に生きる」秘訣です。

こうなると、死生観などを超えた、興味あるプロジェクトを年齢に関係なく立案し、実践することが出来るのです。

「理想と志」が「勇気と信念」を育む なかでも「勇気」さえ心から失わなければこの世に恐れるものはない

昔の諺にあるように「勇気は常に勝利をもたらし、恐怖は常に敗北を招く」といいます。

理想と志が高く、積極的であればあるほど、心の中の「集中力」が高まり、その時に成し得た事柄は、その後も日常的に何の苦労もなく容易にこなすことが出来るようになります。はじめは恐る恐る真剣に習い始めた自動車の運転などを考えると、理解し得るでしょう。

「心」が人生のシナリオを描くのだ 心を強くする「積極心」の育成に努めよう

何時如何なる時といえども、人はどんな悪人でも、また善人でも、みんな人間なのです。オギャーと生まれた時、その心は個人差があるとしても、無色透明で、何の色にも染まっていないピュアなものです。

ピュアとは、尊さと、強さ、正しさ、清らかさを失っていないことです。その心に、自分のこうしたい、ああもしたいという、願望を書き込むことで、積極的な楽しい心をつくり上げることに努めるべきです。

こうした心が描く人生のシナリオは、その人に明るく朗らかでドラマティックな日常を演出するでしょう。

生命の在りようは一筋の川の流れの如し
その川上に必ず水源があるように
命の流れの水源は「心＝精神」なのだ

精神は、人間活動を司る基本的な存在であります。とりわけ、事業家には重要な教訓を生む場です。

事業家がプロとしての働きに、多少なりとも不安があれば、その仕事は発展しません。

平たくいうと、損するだろうなと思えば、損するようになる。どんな仕事でも、志を高くし、集中力をもって仕事に励み、上手くいくぞ、という信念を強くもてば、その事業は大きく発展し、それ相応の成功が約束されるのです。このことは人間の活動すべてに当てはまることです。

人間とは　自身の心における
思い方や　考え方が
自分の生命力を　強くも　弱くも　するのだ

このことは、日常生活においても、さらにプロとして活きる者にとっても、自分自身で認識すべき重要な課題です。例えば、「心の執着」ということについて考えます。

それは、心がじっと何かに見とれている状態をいいます。心のすべてが、相手の物事や現象の虜《とりこ》となり、心に余裕がない状態なのです。

時代劇で見られる、武士の果し合いの場面。未熟な者は、自分が相手を斬るという行為にのみ「執着」するので、その動作はぎこちなく、そこに隙が生じるのです。

そこに向けて静かに剣を出せば、わが剣が相手に当たり勝つ。何も力を込めて打ち込む必要はない、と宮本武蔵は述べているようです。

現代においても、こうした心得は極めて重要です。プロ意識の高さを、身につける基盤と考えられるからです。情報社会の現代においてこそ、あらゆる領域のプロに当てはまる重要な心構えと、実践の基盤となる課題なのです。

人間の生命力は壮大な自然エネルギーに包まれている
心は　それを受け入れるゲートだ

生命力は、全知全能の力を発揮する根源です。

宇宙大爆発（ビッグバン）により生まれたのが、地球上の森羅万象なのです。人間それ自身の限られた命の存在だけを考えると、如何にも哀れな、不幸なものに感ずることもありますが、宇宙本体のもつ幽玄微妙な働きと、人間の生命との係わりを考えると、もっと自己というものが無限の機能とつながっていると考えてよいのです。

道は、観念でなく実践によって鍛えること。自己の修行とは、人生における多様な因果関係を把握し、自然の営みの「仕組み」を理解・自覚し、納得して悟ることを目指すことです。

「神人冥合」の目的は、自然界の生命力を出来るだけ多く自己の生命に受け入れ、心身の働きを向上させて、人生を有意義に営むことなのです。

鶏が先か　卵が先か
はじめに「氣ありき」なのだ
この確信は　生きる力を強くする

「氣」の存在は、それを実体として感覚しづらいものですが　自然界で生命を支える「氣」が、現在の自分を生かしているのです。

宇宙には、建設や創造を現実化するポジティブ＝「積極の氣」と、破壊を現実化するネガティブ＝「消極の氣」とが、「進化と向上」に必要な新陳代謝を充実させるため、我々を取り巻く環境にくまなく存在しているのです。その微妙な「氣」が、人間の気分＝精神態度と常に連係しているのです。ゆえに、人間の「氣」についての考えのもち方が人生全体に大きく作用するのです。

中村天風「心身統一法」は近代物理科学をベースとする

先生は、二十世紀初頭パリに滞在中、サラ・ベルナール邸のサロンで聞いた、近代物理科学の考え方をインドの山中で自己の思想に転化し、中村天風「心身統一法」の基本的な道筋を立てたのです。

「心と身体」はまったく異質な存在です。それぞれが、排他的な論理で構成されています。心身という排他的な二つの存在が、「心の領域」の条件が整う時、補完的となり、「心身一如」の状態を可能にするという論理です。

このことは「互いに排他的な存在は、同時に補完的である」という、近代物理科学的な論理に通じるものです。

人間は　この世で病むことや煩悶・苦労のためではなく「活きる」という重大で「尊い使命」を果たすために生まれ出てきたのである

「自分は、別に誰かに命令されてこの世に生まれて来たのではない。生後何年かして、気付いてみたら人間であったのだ。したがって『本来の使命』などということがどんなものであるかを知るはずがないではないか」

万一そういうことを、平然と言う人がいるとすれば、それは、自己を自ら好んで侮蔑している人なのです。

この世界に、現存するありとあらゆるものは、いずれも、おしなべて何らかの使命があって、生まれたもので、何の使命もなく生まれ出たものは、一つもないということがいえるでしょう……。

まして、生きとし生ける一切の生物の中で、万物の霊長といわれる、最高の優秀な機能を賦与されてこの世に生まれ出た我ら人類に、何らの使命もないはずは断然ない、と考えるべきです。

身に病があっても
運命に非なるものがあっても
心まで病ますまい

我々は、自然界に一人立つ人間なのです。

くしゃみ一つ、咳《せき》一つしただけで、神経をピリピリとさせる人がいますが、心が肉体の作用に対して消極的になると、肉体に備わる、自然界からの活きる力の受け入れ態勢が妨げられ、本来の強さを発揮することが出来ません。

したがって可能な限り、消極的な気持ちで肉体のさまざまな変化や作用を考えないようにすることが、何よりも大切なのです。

日々に、心の独立を誓いましょう。先生は「心は心の法則に、肉体は肉体の法則にゆだねることが大切だ」とおっしゃっていました。

人間は誰しも「悩み」を抱えているそんな思い込みは禁物だ

悩みのない人間とは、極端に神経が鈍感か、何不自由なく生活している幸福者や悟った人物だけのこと。

もしも、そうした考え方が「真理」だとするなら、人間くらい惨めな存在はない、と言わねばなりません。万物の霊長である人間が、悩みに満ちた不条理千万な存在なのでしょうか。否、絶対にそんなはずはありません。

人間の心が、「真理」のもとに積極的な状態にあれば、「悩み」のように、人生を暗くする消極的な心理現象などが発生するはずがない。我々は、人間という価値の高い存在です。自己の生命に宿っている「心の潜在力」を認め、その発現に努力すれば、人生に悩みが生じるはずがないことを認識すべきです。

人間の「感動する心」は素晴らしい

自分を感動させる意欲が薄くなった人は、どうしても老化が早くなるようです。工業デザイナーとして「ＧＫインダストリアルデザイン」を創業された、榮久庵憲司氏は「感動の開発」という言葉で、この意味するところを述べられていました。

さらに、文化勲章を受章した洋画家の中川一政氏は、神奈川県真鶴町の「中川一政美術館」に一文を寄せられていました。その概要は、私の記憶では、次のようになります。

「絵画は、モデルが人であれ事物であれ、そのものを描写するのではなく、その存在により巻き起こる画家の感動の〈リズム〉が描かせるのだ」というような文章でした。

まさに、ダ・ビンチの言葉として聞いた、「絵画は、内面的精神の表現である」の意味に一致するものを実感しました。

感動をもって活きると、人間は、やたらと病や不運に悩んだり、虐げられたりすることもなくなります。人生には生涯を通じて「感動の開発」が、重要な課題なのです。

「想像力」は心のバイブレーションを強め その人の「信念」となり 人生の目的を達成する ゴールデン・キーとなる

前にも触れたように心の中での思索の場には、「実在意識」と〈潜在意識〉の二つがあります。前者は、思考や想像の根源であり、後者はその表現力の源という役割を演じています。

〈潜在意識〉は、人間の生命を生かし、守り維持するという貴重な役割を担っています。と同時に「実在意識」で思考する事柄を、具現化するために必要となる多くの要素を宿した倉庫なのです。

生きがいある人生を送るには、心に施す思念技術として「想像力」を活用することです。具体的には、自己の念願や希望を、明確に心のイメージとして描き維持する手法を完全にマスターすることが求められます。

自己の「心の態度」を検証する　思っていることや　考えていることが　「積極的」か「消極的」かを　客観的に観察すべし

多くの人たちは、自分の心に現れる事物事象に対して、何の分別をすることもなく、受け入れてしまいます。時には、慌てふためいて、それらを取り込んでしまう傾向さえあります。したがって、何時まで経《た》っても自己啓発など出来るものではありません。

常に、自己の心の態度を、厳正に監視する原則をもつことです。こうした「信念」ある生活態度がより良き人生に導くのです。

天風哲学にいう「信念」とは、英語の「プリンシプル」に通じるものがあり、さらには宮本武蔵の説く「実の道」の考え方とも重なります。その本質は、言動がぶれない、ということなのです。

日本の戦後処理で、英国留学の経験をもとに「ＧＨＱ」を相手に活躍した、白洲次郎の言葉に「プリンシプルを持って生きれば、人生に迷うことはない。プリンシプルに沿って突き進んで行けばいいからだ」（二〇〇五年、北康利『白洲次郎　占領を背負った男』講談社）というのがあります。

「内省検討」を重ねることで、プリンシプルのある人生に出会うことを説いたものです。

我々の「実在意識」からの「言行」はその大半が〈潜在意識〉に依存する時折「観念要素の更改」が肝要だ

昔から、このことは武芸者などには広く知れ渡っていたようです。例えば、心に強く「実在意識」で思念しつつ、修行に励むことで、その思考要素が〈潜在意識〉にまで浸透する、或いは、そこに既に蓄積されている関連する思考要素を集め「実在意識」にもたらす、という流れをつくることを考えていたようです。

したがって現在でも、多くの武芸者や事業家など、その道を究めんとするプロたちが、独自の修行に勤しんでいるのもそのためです。

とりわけ「天風哲学」における修行とは、特別な場所や時間と心構えで行うのではなく、日常生活それ自体の中に組み込むことが大切なのです。

「観念要素」とは、〈潜在意識〉に蓄えられている要素を意味し、その更改とは、ネガティブ思考の要素を、ポジティブ思考の要素に置き換えることです。

社会に向けた、我々の言行は「実在意識」によるものですが、具体的には〈潜在意識〉の要素から誘導されて実行されているのです。

心身壮健——クンバハカの実践

第一に「肛門」を締める
同時に「肩」の力を充分に抜いておろし
さらに「下腹部」に力を充実させる

「クンバハカ」とは、先生の考案による「尻・肩・腹」の三位を一体化した「呼吸法」であると同時に、心身を安定化する特殊な手法です。

この目的は、ヨガ行者の究極である融通無碍《ゆうずうむげ》なる心身の獲得をはじめ、潜在能力の発揮を可能にすることです。つまり、「ヨガ聖人」、すなわち全体生命（精神生命と肉体生命の統合体）を宿している特別な行者の誕生を意識したものです。

一説によると、そのための厳しい修行に堪えぬく身体づくりを目指した基礎的手法だ、といわれています。

肛門を締めることで、「下腹部」が充実するのです。その都度、息を止めて「尻・

肩・腹」の三位を一体として、自己の身体に活力を漲《みなぎ》らせるのです。

クンバハカ式「呼吸法」

私が日々実践し、その効果を実感している手法を紹介します。

第一に、「肛門」を締めるのです。肩の力を緩め、「呼吸」ですから肛門から締めあげるような感覚で「呼」の動作を始めましょう。静かに息を吐き出すと、普段よりも多くの量の空気を、肺から吐き出せたと感じます。ここで、吐き尽くしたと同時に、再び「肛門」を強く締めるのです。

次いで、その体勢を維持したまま、静かに息を鼻から吸い続けるのです。肺に空気が充満した感覚となり、充分に吸い終わってから、再び「肛門」を強く締めるのです。

この一連の動作を、繰り返し身体に課すことで、心身に爽快感が訪れます。我々にとって呼吸は、必要欠くべからざる行為なので、何時如何なる時でも、歩きながらでも効果を挙げることができ、身体の免疫力も向上します。私自身、もう二十数年も「緑内障」の悪化を防ぎつつ、心身の健康に役立てています。

怒りや　悲しみや　怖れなどが我に「クンバハカ」の実践を誘うチャンスを逃すのは愚人だ

「クンバハカ法」の重要性と、その修行のタイミングを説いたものです。

「クンバハカ法」は、ヨガ哲学の基礎的で特殊な密法の一つで、訳すと我が身を「最も神聖なる状態」にするという価値ある手法であり、その基本は先に述べた「呼吸法」にあるようです。

新鮮な空気と親しむことだ
四肢の末端に至るまで
活力を吸収しよう

我々の肺臓は、全身を巡ってきた汚れた血液のすべてを、新鮮な空気を媒介として洗浄する役割を担っています、だから、空気がないと人間は生きていけないのです。

クンバハカによる「呼吸法」の重要な意味は、先ず血液の巡りを四肢の末端に至るまで良くすることにあります。つまり、多くの血液を速やかに洗浄し、澱《よど》むことなく全身に新鮮な血液を、自然の活力とともに送り届けることにあるのです。

その結果として、人体のさまざまな錆（病）を取り去り、或いは、その老化をも防ぐことに役立つのです。

人体には多くの「神経経路」が集う個所がある
俗にいう「急所」がそれだ
その重大なポイントが「肛門」である

身体を「クンバハカ」態勢にすることは、勘を磨き、我々の〈潜在能力〉の出現を可能とする基本なのです。

心身への衝撃が　神経系に強烈な打撃を与え
無限の活力を奪い　ショック死をも誘う
この悲劇を「クンバハカ」が防ぐのだ

「風邪は万病のもと」といわれますが、風邪は一寸の生活の不注意ですぐにかかります。この快復には、相当の時間を要します。そういう意味においても、活力は、出来るだけ失わないように注意しなければなりません。

神経過敏な人は、より一層、失う分量が多く、取り戻すのには相当な時間を費やさなければならないのです。

古くから「肛門を締める術」は恐ろしいことや驚くことがあった時に氣を保つ「止気の法」として活用されていた

先生はインドの山中にて大自然と向き合いながら、「徳利に半分水を入れて、流れる川に浮かべたような状態」にする、という禅問答のようなヨガ行者の言葉と、かつて禅僧から聞いた逸話などが一つのイメージとなって、この「真理」に導かれたといいます。先生によるこの経験が思想となり、シナリオとなって心身の調節法「天風式クンバハカ」が誕生したのです。

戦時中の飛行訓練で、訓練生が急降下などで気を失う危険性のある時に「クンバハカ」を導入したことで、訓練がスムーズに行われたという話も聞きました。

インドのヨガの里でも堪えられない難行苦行は余りなかったそれでも「真理」を捉えられた

「納得する精神が重要なのだ」と、インドの山中にあった先生は確信しました。滝の近くの岩上に座して、ヨガ行者から与えられたその日の課題をもとに、心の内での問答の繰り返しを通じて、自己の中で多様な思索を巡らせたのです。この一連の心の内における行為は、問題解決に役立つ「思考実験」といわれています。

先生は、ヨガの里にて、さまざまなイメージを「思考実験」として心に浮かべ、それを自らの身体を実験台として問題の解決に当たっていたのです。この繰り返しから、自然界に充満する活力を自己の心身に取り入れ、これを維持するという「クンバハカ」を見事に獲得したのです。

先生は、このプロセス自体の中に「天風哲学」の基盤としての「真理」を見出していたのです。

心と身体は「相互に排他的な存在であり同時に補完的である」ことに気づき心身一如に至る「シナリオづくり」に没頭した

先生は、二十世紀初頭の先端的な物理科学の理論にも興味をもっていました。

量子力学においては、「粒子と波動という互いに排他的な存在は、同時に補完的である」との理論が提起されています。この近代的な物理理論を「心身問題」の解決に当てはめているのです。

先にも述べましたが、先生は、この話を一九一〇年頃に、恐らくは量子論の提唱者で物理学者のプランク自身から聞いているのです。当時としては最新の科学思想に感動していたようです。

肛門を締めると
気分がぜんぜん違ってくる
怒りそうになったらキュッ
悲しくなったらキュッ
これだけで心が傷つかなくなる

これは中村天風「心身統一法」の基本的な「手法」です。先に述べた、インドのヨガに伝わる「クンバハカ法」を拡張したもので、怒り、恐れ、悲しみなどの激しい情動、不安や動揺を感じた時には、この「クンバハカ」を実行することです。

クンバハカは刺激衝動を心が受けた瞬間に、この手法を自己の肉体に施して、まず体内に散在している神経系統の興奮を静め、身体を危機から救うことが目的なのです。

感覚や感情の刺激や衝動を心身が受けた瞬間、まず「肛門」を締めることで、心身が傷つくのを防ぐという、特徴がある手法です。

我々の身体は
多くの臓器から成り立っている
それらは部品ではなく
「輪＝和の儀」の存在なのだ
言い換えれば
人体は「不可分の統合」である

哲学的に人体をシステムとして論じると、内在する多数の臓器は部品として切り離せる存在ではなく、人体は「不可分の統合」ということになります。私はシステム工学の専門家として、この事実に直面しているのです。半世紀も前、スタートしたばかりの「医用工学」に関連して、「人工腎臓」の研究開発を担っていました。「腎臓」という臓器に関する、生理学的なデータを多く入手して、その働きをコンピュータを用いて、シミュレーションする作業に従事しました。ところが、腎臓という人体部品をシミュレーションするには、人間の全体像を把握し、シミュレーションしなければならず、「人体には部品など存在しない」ということを実感しました。

先生から聞いた、人体は「不可分の統合」なのだ、ということを実験を通して確かめることが出来たのです。

先に紹介した『生命に部分はない』を通読して、深く感銘するものがありました。

まさにこの本が示すように、人体を細分化して売買する臓器移植ビジネスをめぐる「不都合な真実」の到来を、先生は予測し警鐘を鳴らしていたのです。

言必信　行必果

「天風哲学」を学ぶ人たちは、人々が容易に信じることが出来ないような、高い理想を掲げることです。当たり前のことを言って、皆が賛同する程度のことを考えるのではなく、そんなに素晴らしい計画なのか？　本当かねぇ、と国民が疑問に思うほどの計画を示すことです。

さらに、行えば必ず成果が挙がる、ということも大切だが、そんな誰にでも出来る事柄は皆に任せればいいことなのです。君らは、高い理想を掲げて、その実現に向けて邁進すべき存在なのだ、と先生は言われていました。

この言葉が、漢文の表題として、先生の死後、間もなく蘇りました。訪中した、田中角栄首相に、中華人民共和国の周恩来首相が贈った色紙に書かれていたのです。当時のマスコミは、田中首相に対する周恩来首相の高い評価の表れとして取り上げましたが、安岡正篤の「而学会」で聞いた真意はその逆で、高評価を意味するものではなかったのです。

先生から私が聞いたように、「皆が信じることとしか言わず、成果が挙がることしか行わない」、こんな人物はリーダーとしては最低限評価に値する程度で、後は取るに足らない輩だ、との『論語』の一節にある言葉だったのです。

我が国の政治の現況は、この最低限の人物さえも姿を消しているようで、誠に残念の極みです。日本の民主主義が、劣化してきたのでしょうか？

もう一度、この言葉を噛み締めたいと思う昨今です。

中村天風という巨人

本書は、一人ひとりの読者の皆さんが、明るく闊達な生活を送るとともに、より良き人生の高みである「精神の快楽」に至ることを願ったものです。

本書をお読み頂くことは、読者ご自身の「課題解決型」プロジェクトの始まりなのです。

人生を　愉快に闊達に活きるため「心」をコントロールする「手法」を創見し世に問うた人物がいた

中村天風、本名を中村三郎という人物です。「天風哲学」とは、先生の経験をもとに「心身一如」を身につけることです。我々が「心身一如」を実現すると、人間の「生命現象」が本来あるべき活性化された状態として発現されるのです。

私は、このプロセスを〈中村天風「心身統一法」〉と名づけています。具体的には、どこまでも現実的な人生の中で、如何にして「心身一如」を身につけ維持するかという課題の解決なのです。

その基本は、これまでの先生の箴言で示されています。あくまでも、人づくりに始まり、その結果として個々の輝く人生が築かれ、それらの集積が自由で闊達なる日本社会の建設に寄与するということです。

私は　力だ
力の結晶だ
何ものにも打ち克つ力の結晶だ
だから何にも負けないのだ
病にも　運命にも
否　あらゆるすべてのものに
打ち克つ力だ
そうだ！
強い　強い　力の結晶だ

この言葉は天風哲学を最も代表するものです。自然の営みと融合する努力を重ねることで、自己の感性を磨き、自らの「意志の力」を強くし、自分がなりたい人生を歩みたいとの思いは、現代を生きる人々にとって大きな願望でありましょう。中村天風にとっては、インドのヨガの里で、自らの病を癒すことが、最大の目的でした。

日々、ヨガ行者に連れられて山中に入り、その日の問題提起を受け入れ、行者が迎えにくるまでの数時間、解決手法を模索していたのです。こうして先生は、一人岩の上に座して、問題解決のために自問自答を重ねつつ、自然の力＝パワーの流れと同調する感覚を感知し、それを我が身の力として受け入れ、その力を維持するための手法を「クンバハカ法」として身につけたのです。

これは、「神経反射の調節法」とも呼ばれる手法であり、次の箴言を心に唱えます。

ああそうだ！
わが生命は神仏の生命と通じている
神仏の生命は無限である

不機嫌なるものや不運なるものは、
神仏の生命の中には絶対にない
そして、その尊い生命の流れを受けているわれはまた、
完全で
そして人生の一切に対して絶対に強くあるべきだ
だから、誠と愛と調和した気持ちと、
安心と勇気とで
ますます神仏との結び目を堅固にしよう

我々の「意志の力」は、個々の「精神活動の場」＝「心」により育まれます。我々の「心」は、宇宙に漲る「氣」が自然界に「生命現象」を発現し活性化することで誘発されるものです。宇宙の「真理」とは、この壮大なるダイナミズムの営み自体の中に存在していると考えられ、その営みとともに我々は生存しているのです。

「氣」の存在が「生命現象」を育み
心の思いが「氣」の働きを支配する
我々が「思うこと　考えること」が
人間社会を創っているのだ

ところで、「氣」は何処からくるのでしょうか？　その根源は「宇宙根本主体」である、と先生は説いています。これは「生物的・物理的・心理的」などという分類に関係なく、我々にすべてのエネルギーを供給する本源なのです。これを、東洋哲学では「先天の一気」とも呼んでいます。こうした「システム思考」をつなげていくと「天風哲学」にいう「心の思考が人生を創る」ということの正当性が導かれます。

我々は人間として、この「真理」を究めることで、自己の「生命現象」を強化し維持することが可能となり、自らの健康や人生の将来を感知する潜在能力をはじめ「テレパシー」などの極めて高度な「反射能力」を発揮することが可能になるのです。

こうした考察から「天風哲学」では、何よりも我々の「神経系統」の働きを重視し、これを理解し充分に働かせるためには、「心」が大切な役割を演じていることに注目しているのです。

「天風哲学」についての概要を、幾つかの箴言として示しましたが、先生が如何にして、自己の哲学として〈中村天風「心身統一法」〉を創見したかについて多少の紹介を試みます。

中村三郎（天風）／悪童《ワルガキ》として育つ

中村天風は、一八七六（明治九）年七月三十日に東京府で生まれ、「三郎」と名づけられました。父親の中村祐興《すけおき》は、柳川藩士の長男として生まれ、新文明に進んで接触した人物で、親戚や友人から「開化人」といわれていました。

祐興は、異父姉が柳川藩主の姫君だったこともあり、姉君の計らいもあり、長崎に遊学し江戸にも上りました。福沢諭吉との親交もあり、ジョン万次郎が発行していた「英字新聞」の愛読者にも名を連ねていました。

三郎が誕生した頃には明治政府に仕官し、現在の国立印刷局に勤め、紙幣用紙の研究にも取り組み、強靭な用紙を開発して「中村紙ト名付ク」という記録が残っています。その後に、大蔵省の「抄紙局長」も務めているという高級官僚でした。中村祐興については、郷土の研究家による著書が出版されているのでご参照ください（二〇〇五年、原田信『中村祐興小伝――「天風」を育んだ開化人』海鳥社）。

少年時代の三郎は、英国から招かれて、同じ王子村の官舎に住んでいた紙幣製造の技術者宅に出入りしては、日常的に英語を学んだようです。私が出会った頃には、既に七十代の後半でしたが、よどみなく英語を話されていました。

長じては、正義感の強い悪童でした。母親の長子は、夫とはかなりの歳の差があったようです。彼女は、神田の小川町生まれで、顔立ちも言葉も爽やかで、気丈な江戸の女性でした。

三郎は、父の九州男児の剛毅さと、母の江戸女の気丈さが融合して、激しい負けず嫌いという性格でした。身体と頭脳の俊敏性は、年少の三郎に、まず激しい悪戯《いたずら》をもたらしました。三郎が、喧嘩《けんか》すると相手の指をへし折るか、耳をひきちぎるほどの徹底ぶりだったようです。

両親の手に負えない悪戯を重ねたこともあり、三郎は東京の小学校を終えると、すぐに福岡在住の父親の知人宅に預けられ、中学は「修猷館」に通学しています。

中学三年の時、柔道の試合の遺恨から、出刃包丁をもって他の中学生ともみ合ううちに、出刃包丁が相手の腹に突き刺さり死亡させるという事件を起こしています。警察での取り調べの結果、三郎には「正当防衛」が認められ釈放されましたが、福岡の中学は退学処分となっています。

勇気のあるところが「瑕に玉」

その後、三郎は「玄洋社」に社員としてでなく、父親の中村祐興と同郷で親交のあった、頭山満邸に書生として預けられました。このことが、三郎にとって大きな転機をもたらしています。三郎は、頭山満に心服し尊敬したので、頭山満も玄洋社を訪れた多くの著名人に会わせていたようです。

頭山の日常的な思考と行動が、三郎の「考え方」と行動に大きく反映し、後の実践哲学者「中村天風」に大きく変身する基盤となったのです。

訪ねてきた陸軍参謀本部の上級将校に、若き三郎を紹介した時の、頭山のセリフが面白い。「この男は、勇気のあるところが瑕に玉だ」と言われたのです。普通なら、「玉に瑕」と言うところですが、そこを「瑕に玉」としたのは、何ともユーモラスであり、当時の頭山と三郎との関係を物語っています。

「しかし、こういう人物こそ社会に役立つ」と補足し、三郎に陸軍中野学校でスパイの厳しい訓練を受けさせ、諜報《ちようほう》活動に参画させたのです。

ここでは、厳しい訓練の日々が続きましたが、これまでに経験したことのない事柄なので興味があった、と述べていました。例えば、二本の針金の導電線が五センチほどの間隔でさまざまな曲線を描いて一平方メートルほどの板の上に張られています。その針金の中間を、大きく長い釘を握りしめ、針金に触れないように素早く、入口から出口に向かうのです。しかも、土間の机の上に置かれていたのです。

「裸足になれ、大釘を握りしめて始め！」との教官の号令で、訓練生が同時に始め、「ギャー」という、叫び声が上がりました。導電線には、かなりの電流が流されていたからです。針金に触れると、手から素足へと相当な電流が身体を流れる仕掛けになっていたのです。

三郎は、ここで頭山満から常に言われていた「何事にも、右も左もない。真中を堂々と歩め」という言葉を思いだし、大釘を握りしめ出口に向けて駆け抜けました。時折、導電線に触れ背中にガツンとした衝撃を受けましたが、次第に大釘を握りしめた手の力も抜けて、無心に針金の中間を進み抜けることが出来ました。こうして、三郎は「心と力」の使い方の大切さを、実践的に知ることになるのです。

「軍事探偵」からの解雇

三郎は、頭山のもとで武芸も身につけ、人物の修養もしていましたので、しばらくして、将校の鞄《かばん》持ちとして朝鮮半島及び中国への偵察に出掛けています。その経験を買われ、日露戦争では一人前の軍事探偵として、戦場における後方攪乱と情報収集の任にあたった、と聞きました。

当時の三郎は、自分でも惚《ほ》れ惚《ぼ》れするほど勇敢だったと語っていました。若者の一途に燃える血潮は、お国のために命を捨てることなど、少しも恐れはしなかったようです。しかし、その三郎に思わぬ異変が起きたのです。

日露戦争が終結して間もなく、三郎は喀血《かっけつ》したのです。当時は、死病と言われた肺結核に罹ったのです。陸軍は、彼を除隊させ東京に帰します。三郎は、自らの若い命を賭《と》して務めてきましたが、帝国陸軍は重い病に罹ったと知るや、彼を無情にも解雇したのです。

この頃の経緯を、先生は多くは語りませんが、先の戦中戦後を通じて「反軍国主義」的な思考と行動が見られたことと、大いに関係しているのでしょう。

微熱が続いて、喀血するたびに、三郎は、自分でも思わぬパニック状態に陥っていることに気づくのです。軍事探偵の時には、ロシア兵に捕らえられて、あわや処刑されそうになって、「死の感覚とはどういうことか味わおう」などと考え、恐ろしいとは思わなかったと述べていました。その彼が、血を吐くたびに死の恐怖に怯《おび》えるようになったのです。

先生は、その時の心境を「自分でも情けないほど、弱い心になってしまった」と述懐していました。勇敢に戦地に赴いた勇ましい自分と、我が身の熱の高い低いで一喜一憂する自分と、一体どちらが本当の自分なのだろうか。こうして三郎は、人間の「心と身体」の在り方の研究に没頭するようになったのです。

「ヨガ行者」との遭遇

三郎は弱くなった自分の心に愕然として、宗教家に救いを求めるとともに、生理学の本や医学書、精神訓話の書を読み、人間の本質について勉強しました。しかし、知識を得るのみで、我が身に役立つ納得のいく答えが得られなかったのです。

一九〇九（明治四十二）年、三郎は病身ながら意を決してアメリカに渡り、広く精神医学にも救いを求めますが、この国でも満足のいく結果が得られませんでした。

魂の救済を求めてヨーロッパに渡り、縁あってフランスの大女優、サラ・ベルナールの邸宅に寄宿し、彼女の勧めにより、文学や芸術、カント哲学や近代物理科学など、当時の最先端の学問領域にまで触れましたが、知識を得た「物知り」だけでは、自分の心は救えないことに気づくのです。その上、これまで何かと心配りをしてくれた、敬愛するサラ・ベルナールにも帰国を勧められたのです。

絶望の果てに三郎は、どうせ死ぬのなら故郷の母のもとでと、帰国を決めます。その途上に、イギリス王室にヨガ哲学を教授に行った後、カイロのホテルで、インドのヨガ聖者である、カリアッパ師の一行と巡り合ったのです。

心身共に疲弊していた三郎は、ヨガ行者の微笑みと語り掛けに魅せられます。「お前は、重い病に罹っているが、必ず治るからついてきなさい」との言葉に地獄で仏に会った心境になり、咄嗟《とっさ》に「イエス」と答えたのです。

ヒマラヤ山麓のヨガの里への長い旅路では、ヨガの行者たちがあれこれと面倒を見てくれ、さしたる疲労を感じることもありませんでした。しかし、目的地に着くや、大自然のヨガの里での修行は、厳しい弟子としての戒律に縛られたものでした。

カリアッパ師に会うことなども、ままならなかったようです。しばらくして、お目に掛かると次のように言われました。

「お前を活かしている『命：いのち』に感謝しろ

身体は病に傷ついても、心まで悩ますな

肉体の病は、そこにだけ留めよ

星空を見上げ、癒される心まで病ますな！」

このカリアッパ師の言葉は、三郎の心に強烈な印象を与えたのです。

天風の説く「積極精神」：天風哲学の基本

先生は大自然の営みの中で、生命現象の本質は「積極」であることを学びました。植物は芽を出し、花を咲かせ実をつけ繁殖しています。昆虫も、水中の魚も、野に棲む動物たちも、時期がくると発情し相手を求め、自己の生命を子孫につなげようと健気《けなげ》に生きているのです。自然の本能からくる生きようとする動機が、常に積極的な行動につながるのです。

生命というものは、もともと積極性を備え、命を完全に全うさせる「力：パワー」が、その中に潜在しているのです。それが「自然法則」なのだ、と三郎はヨガの里での生活を通じて感得したのです。

天風哲学の説く「積極」には、四つの条件があります。すなわち、「尊さ、強さ、正しさ、清らかさ」という四大要綱がそれで、この「積極精神」に至る思考法として「天風哲学」が存在するのです。

このプロセスが、我々を「無念無想」の心境に誘うのです。

「心の使い方」として、何かに相対し対峙するのではなく、事ある時も事なき時も、心は常に泰然として惑わされない心境、それが「絶対的積極」なのだと説いています。

そうした心の境地が、「心身一如」を実現する第一歩で、その実践的なシナリオを、中村天風「心身統一法」として体系化しているのです。

先生は「心の使い方」という、稀有で実践的なシナリオを、中村天風「心身統一法」として残したのです。

その時々に応じて、百芸を見渡し、一芸の技として「心の使い方」を実践することこそ、いまの「AI」や「SNS」という時代に必要とされている「哲学」なのではないでしょうか？

「天風哲学」における「悟り」の伝授

「天風哲学」は、人物づくりに重きを置きます。その基本には「悟る」という行為があり、それは自分の心が「真理」を感じた時の心の状態をいうのです。

ところで「真理」というものは、自分自身の絶えざる努力により、自己の心で感じ取ることが一番大切です。しかし考え方によっては、先生がインド山中で、我々に替わって厳しい修行に励み「真理」を感得してきたプロセスを、我々の心が「真理」として受け入れることが出来れば、虫のいい話ですが、同じ結果が得られることになります。

言い換えると「天風哲学」とは、先生の貴重な経験からくる思想を通じて、我々が「悟る」ことなのです。大切なことは、その教えにより「真理」を受け入れる時、我々の「心の態度」が純粋なものであれば、後の我々の「人物づくり」という人生における行為に、さしたる違いは見られないということです。

ある時、安岡正篤の「而学会」で次のような言葉を聞きました。「社会における思想や哲学というものは人物が根幹で、思想はそれから生まれでる葉や花のようなものなのです。『天風哲学』は中村天風という人物によるものだからこそ、傾聴に値する哲学となっているのです」

「真理」について、天風哲学では「人間存在を、自然の生命現象の事実として捉えると、真理は、この事実それ自体の中にある」と説いています。

先生は、インドのヨガの里での修行の日々で、自然界の生命現象のダイナミズムを肌で感じ、その存在を納得したこと自体が「真理」なのだと気づくのです。それは、「人間と自然界とに存在する、見えざる双方の意思が完全に合体した」ということです。

この状態は、我々人間に元気という「氣」を呼び起こすものであり、何ともいえない爽快さを感じるものです。とにかく、人生を元気潑剌とした状態で活きることこそ、最も必要かつ大事な心得なのです。

おわりに

先生は、いわゆる書斎で学んだ思想家ではありませんでした。青春時代の先生は、現代では考えられない波乱に満ちた人生を歩み、その「経験」を「思想」として、普遍性に富んだ「天風哲学」を残した人物です。

若き先生は、軍事探偵として満州地域に派遣され、その激務のためか重い肺結核を患い、軍隊を除隊され東京に戻されました。これを契機に、先生は古今東西の哲学書から医学や心理学の著作まで読み耽《ふけ》っていたようです。しかし、多様な知識を学んでも癒えることのない身体の病に、苛立つ日々だったのです。

日本では精神的な満足感は得られない、との想いから、精神の充実を求めて病身にも拘らず、父親などの支援を得てアメリカからヨーロッパ、さらにインドのヨガの里にまで足を踏み入れ、心身ともに自己改革を成し遂げて帰国しました。

先生は病気が完治するまでの数年間、バラエティに富んだ人生経験を己に課すことで、自分の精神的な態度を確立して、その思想を基盤に自分の活き方に徹した人物だったのです。

こうして自らの経験を、整理整頓し論理的な課題としてまとめ、それらを演題とした数々の講演が、当時の政官財の有識者たちに強い関心をもって迎えられたのです。

著名な聴衆たちの勧めにより、先生は「統一哲医学会」を、一九一九（大正八）年に設立しています。こうして、先生の思想が一つの独特な「哲学の形態」として磨きをかけられていくのです。

日本が、近代国家を目指していた時期と重なり、明治以来の心ある知識人が、近代的な自我を確立することに努力していました。先生は、フランスの哲学者アンリ・ベルクソンによる、「私とは意識のながれ」という名言とともに、日本に初めてもたらされた「哲学」という言葉と「概念」に、大いに魅せられたと述べていました。先生自身の考え方と、共通のものを感じて感動していたのです。

さらなる幸運も訪れました。ベルクソンの『精神力』という著書の日本語訳書が、一九三二（昭和七）年に、小林太市郎訳で出版され、むさぼるように読んだと聞きました。その本が、先生の蔵書の中に見つかったのには感動しました。

その本を要約すると、先生の「活きる指針」といいますか、人生を活きるとは、どういうことなのかという気持ちの持ち方を説いているのです。その論理に心ある人たちが感動し、先生をはじめ、世代を超えて影響を受け続けていることは素晴らしいことといえるでしょう。

私は「天風哲学」の解説を、本書の出版を契機として、過ぎし日の先生との対話をもとに、思考を重ねて次世代の人たちのために刷新することを考えています。

読者の皆様の、ご理解とご鞭撻をお願いします。

終わりに、本書の出版にあたり、幻冬舎の杉浦雄大さんに大変にお世話頂いたことを追記し、心から御礼申し上げます。

二〇二〇年三月二〇日

遠くに、夕焼け空を背景に浮き出た「富士山」を拝して

合田周平

ブックデザイン　石川直美（カメガイ　デザイン　オフィス）
ＤＴＰ　美創

〈著者プロフィール〉
合田周平（あいだ・しゅうへい）
1932年6月台湾・台北市に生まれる。電気通信大学卒業、カリフォルニア大学バークレイ校にて工学修士、東京大学にて工学博士。TDKや東京大学生産技術研究所、電気通信大学に勤務。この間、米バイオメディカル財団、伊サイバネティクス研究所、英クランフィールド大学にて研究企画を担当した。財団法人　天風会元理事長。電気通信大学名誉教授、公益財団法人　日伊音楽協会評議員。主な著書に『中村天風と「六然訓」』『構えあって構えなし　中村天風と宮本武蔵に学ぶ成功法則』（ともにPHP研究所）など。

中村天風
快楽に生きる

2020年4月15日　第1刷発行

著　者　合田周平
発行人　見城 徹
編集人　福島広司
編集者　杉浦雄大　鈴木恵美

GENTOSHA

発行所　株式会社 幻冬舎
〒151-0051　東京都渋谷区千駄ヶ谷4-9-7
電話　03(5411)6211(編集)
03(5411)6222(営業)
振替　00120-8-767643
印刷・製本所　株式会社 光邦

検印廃止

ISBN978-4-344-03598-0　C0095
幻冬舎ホームページアドレス　https://www.gentosha.co.jp/

この本に関するご意見・ご感想をメールでお寄せいただく場合は、
comment@gentosha.co.jpまで。